会話 とっさの1語!

名古屋市立大学特任教授
守 誠

はじめに

　ちょっと長いのですが、まず、この「はじめに」を読んでください。
　きっと本書の8割方を読み切ったような気分になれるはずです！
「英語の1語会話の効用」を私が力説しますと、少し英語に通じている人からよく嫌な顔をされます。そして、口をついて出てくる言葉が意外にも痛烈で、私にとっては信じがたいほど屈辱的なものもあります。

「大学の先生であろう者が、どうしてそんな軽薄なことを平気で吹聴されるのですか」

　こんなふうにいわれてしまうと、正直、精神的に相当こたえます。
　本来、英語の専門家ではない私ですが、趣味が高じて、ずいぶん難易度の異なる英語の学習本をたくさん書いてきました。でも、私の底に流れる考え方は、

「やさしい英語のすすめ」です。

　最近経験した、二つの出来事を通じて《1語英会話のすすめ》を、勇気をふるって強調していきたい衝動に駆られました。その二つの出来事とは、

北京発、羽田行き Air China（中国国際航空）の到着案内を告げる英語がほとんどわからず、ショックを受けたことです。幸い、shortly（間もなく）と Haneda（羽田）の2語だけ何とか聞き取れましたので、結果として精神的なショックは免れました。

次は、シンガポールで出会ったベトナム人女性の徹底的1語英会話によるコミュニケーションに感服したことです。

まずは、飛行機の中での体験から話を始めたいと思います。

今年（2012年）5月、中国の首都・北京にある科学アカデミーの水関連研究機関で話し合いをすませ、帰途についたとき乗ったのは Air China（中国国際航空）でした。

着陸前の機内放送は中国語と英語の2か国語で、日本語はありませんでした。

外国語を耳にするのは慣れていましたから、別に日本語放送がなくても私自身は何の痛痒も感じませんでした。

そこには、私の外国語における幼児体験があったからです。

小学校に入る前、母親に連れられてよく大型船が横付けする横浜港の桟橋に行ったものです。そこで私は、さ

まざまな外国語を耳にしました。どこの国の言葉だったか定かではありませんが、当時の世界情勢から推し量って、多分、英語、ポルトガル語、ドイツ語、それにギリシャ語、フランス語あたりではなかったかと思います。また、家の近くにもドイツ人が住んでいましたから、ちょっとこわばったドイツ語を頻繁に聞いていたような気がします。

小さい時から外国語を耳にしていましたから、何語であろうが全く違和感を覚えたことはありません。

高校時代、外国語放送（米軍放送）もいやというほど耳にしていました。ですから私は典型的な「英語少年」になっていきました。大学時代も、英会話クラブに属していました。

大学卒業後は、総合商社に入って32年間、英語を中心にさまざまな外国語が飛び交う環境の中で過ごしてきました。ですから自然に私も英語以外に、他の複数の外国語に対してもそれなりの意味を理解し、聞き分けてきました。とりわけ英語は浴びるほど耳にし、また口にしました。

でも、Air China の英語の機内放送を私はほとんど聞き取ることができなかったのです。

中国人乗務員の英語が下手であったわけでは決してありません。

聞きとれなかった理由は二つあります。

一つは、飛行機が上昇するとき、または下降するとき

気圧の関係で、耳が圧迫され、音が聞こえにくくなっていました。
　二つには、78歳の私は加齢によりすでに耳が遠くなっていましたから、普段でも人の話す日本語があまりよく聞き取れません。
「補聴器をつけたら」
　これまでに何回、同じような忠告を受けたことでしょうか。しかし、80歳近くになっても世界中を飛び回っていますから、自分はまだ若いのだという変な強がりが、補聴器を拒絶してきたものと思います。
　以上の二つの理由から、放送された英語がほとんど聞き取れませんでした。
　でも放送された英語の中で、次の2語だけは例外的に音声としてしっかり耳に残ったのです。

shortly（間もなく）
Haneda　（羽田）

　ウトウトしていた私は、この2語だけで搭乗機が間もなく羽田空港に着陸することを知りました。この2語の単語を除いて、文章としては英語を捉えることは全くできませんでした。
　だからこそ「やさしい英語」の提唱者である私は、改めて、基本単語がわかれば大概の意味は理解できるのではないかと思いました。単語主義の英会話の大切さを確認したのです。

羽田空港に着いた途端、日本語の世界が待ち受けていました。

実をいえば、日本語を聞くときも、耳が遠いため、日常会話の中で全部は音として捉え切れてはいません。半分以下の音声で、日常生活を送っているのが実情です。

先に挙げた２語のうち、「羽田」を日本語と解釈しますと、私は機内放送の中身を、

shortly（間もなく）

の英単語１語から得ていたことになります。

２番目に挙げる私の体験は、英単語１語主義の極めつきのような実例です。今年（2012年）３月、シンガポールに水問題の取材で２度目の訪問をしたときのことであります。

実は、昨年（2011年）７月、シンガポール大学リー・クアンユー公共政策大学院の瀟洒な建物の中で行われた水関連の国際会議に出席したとき、様々な英語が飛び交っていました。でも、それらはいずれも"一流の"英語でした。

アメリカ英語
イギリス英語
シンガポール英語

インド英語
日本式英語などなど

があり、発声法は異なっていても、どれもきちんとした学術用語が使われ、印刷物はきれいに整った英語で表現されていました。

「ここは国際会議場なのだ。知的な学術英語が飛び交う場所なのだ」

私はなぜか、こんな独り言を口にしていました。

「でも」

会議を終えてホテルに帰り、窓越しに目に入るシンガポールの超高層ビル群に私は視線を投げていました。そのとき知的な学者の口から発せられる洗練された英語を思い出していました。と同時に、そうした"一流の"英語でない〈もう一つの英語〉についても考えていたのであります。

シンガポールで、その地の生活に根付いた暮らしを長くされている、独身の日本人中年男性と知り合うことになりました。
そして、今年（2012年）は国際会議とは関係なく、再度、自分の足で水問題を調べるためシンガポールを訪れたの

でした。

　ところが、水取材よりも英語にまつわる人間のドラマのほうに自分の関心が移っていったようです。

　1人のベトナム人女性が口にする"1単語英語"の魅力の虜(とりこ)になってしまったからです。私はこれまでに世界の国々を50か国ほど旅してきました。その意味で海外旅行には慣れております。よほどのことでもない限り新鮮さや驚きというものを覚えなくなっていました。

　海外旅行の裏側も、それなりに知ってしまった私が、旅先のシンガポールで、こともあろうに1単語の英語の魅力にとり憑かれようとは自分でも想像のつかないことでした。

　その女性は、シンガポールに長年住む日本人独身男性の〈彼女〉でした。彼女のシンガポールにおける言語生活は、ベトナム語、広東(かんとん)語、英語の3か国語です。

　彼女の年齢は30歳近くですが、22〜23歳ぐらいにしか見えない、キュートなお人形さんのような女性です。一目見て世の男性を惹(ひ)きつける魅力(まりょく)というか魔力のようなものを備(そな)えています。

　彼女は広東語を話すシンガポール国籍の中国人と知り合いになり、結婚し、現在はシンガポールの小学校に通う息子をもうけました。彼女が英語（シンガポールでは英語が第1言語です）をほとんど理解しないので、亭主(ていしゅ)はベトナム人の妻とは共通語の「広東語」で話していたようです。ところが可愛い妻とその1人息子を残して、

彼は病死してしまいました。
　生活手段を奪われた彼女は、英語がほとんどできないためシンガポールでは事務職につくことは不可能です。
　そこで、

『美貌』＋『ちょっぴりの英語』＝『クラブ』

という図式の中で、１人息子を育てることになっていったようです。家庭での共通語は多分、広東語だったのでしょうか。息子は母親の母語であるベトナム語は理解できないようです。
　彼女がシンガポールで生きるがために入ったクラブの世界は、単純に収入を増やせるような生易しい世界では決してありません。競争の激しい弱肉強食の世界です。
　客として、彼女の働いている店に入った独身の日本人男性が、彼女に一目惚れしたのでしょう。私は彼と彼女の英語の会話を耳にして仰天したものです。
「あれで、会話が成り立つのかな？」
　それが私の偽らざる第一印象でした。
　でも、〈愛〉があれば、１単語の英会話でも十分、通じ合えるのだろうと思い直しました。
　独身の日本人男性は言いました。
「まだ、結婚するかどうか決めかねています」
　私の勝手な想像ですが、日本人の彼には、次のような悩みがあるように見受けられました。

彼女の1語英語では、長い人生を通じ2人の間で、意思の疎通が十分にはかれないのではないか？

　1単語の英会話では、夫婦生活が成り立ちにくいのではないか。私はそれをまるで探るかのように、2人の会話にじっと耳を傾けていました。

"Hungry?"「お腹すいた？」
　彼が彼女に聞きました。
"Yes."「はい」
　彼女は、素直に答えました。
"Restaurant?"（レストランで？）
　それとも、
"Home?" （[彼の] 家で？）
　彼がレストランか彼のアパートかを聞きました。彼女の答えは、
"Restaurant."（レストランよ）

　彼らの英単語1語による会話は、私が聞いていた限りでは2語にはなりませんでした。
　日本人の彼は、重ねるように尋ねました。
"Fish?"（魚？）
　それとも、
"Meat?"（肉？）
　彼女の答えは、
"Fish."（魚よ）でした。

英単語1語だけの会話で十分、意思の疎通ははかれていたのです。私の勝手な杞憂は、どこかに吹き飛んでいきました。

　彼らの間で交わされる1語英語の会話には、独特のイントネーション（抑揚）が極めて特徴的でした。質問する場合には、彼は極端に語尾を引き伸ばし、その上でその語尾を持ち上げて発音しました。
　事情を知らない者にとっては、とてもおかしな英語に聞こえるかも知れません。でも2人は温かい愛情という見えない糸で結ばれています。ちょっとした言葉の強弱、抑揚、音声の引っ張り具合などで微妙なニュアンスまで表現できるようでした。

1語の英会話に乾杯！

──[関連重要単語]──────────────
air　China　shortly　hungry　yes　restaurant
home　fish　meat

2012年8月1日

　　　　　　　　　　　　守　誠（もり・まこと）

『英会話　とっさの1語！』contents

はじめに　3

 ## "通じる1語"はここが違う！
心に響く1語英会話のとっておきのツボ　19

泥棒に出くわしたら
　Fire（火事だ）！　と叫ぼう！　20
一言で何とかなります。
　とりあえず声を出してみてください！　22
"1語英会話ビジネス"のツボ　26
do＋名詞＝動詞で
　英会話はここまで通じる！　32
3語に増えれば、
　世界中を楽しく旅行することが可能です　37
人の名前1つでコミュニケーション、
　それも立派な英会話　44

13

第2章 "とっさの1語"、いま必要なのはこれ！
シチュエーション別に単語を選ぶだけ　49

Making Small Talk ～世間話をしてみよう！
01　Morning ／おはよう！　50
02　Great ／とっても元気だよ　52
03　Teacher ／教師をしています　54
04　Hot ／今日は～になりそうな空模様だね　56
05　See you ／また～に（会いましょう）ね！　58
06　Good ／良い～を！　60

On the Plane ～飛行機のなかで、
1語の決まり文句
07　Tea ／～をください　62
08　Pillow ／～をいただけますか？　64

At the Airport ～空港も1語で乗り切ろう
09　Sightseeing ／観光です　66
10　Hotel ／ホテルです　68

Getting around ～
1語で行きたいところへ移動しよう
11　Bus ／次の～はいつ出発（到着）ですか？　70

contents

12　Train ／いちばん近い〜の駅はどこですか？　72
13　Taxi ／
　　〜でどれくらいの時間がかかりますか？　74

Renting/Driving a Car
〜レンタカーも運転も1語で出発！
14　Compact ／
　　〜のような車をお借りしたいのですが　76
15　Shopping center ／
　　ここから〜に行くにはどうしたらいい？　78

At the Hotel 〜接客のプロだから、
こちらが1語でも問題ありません
16　One ／〜日(週)滞在しようと思っています　80
17　TV ／部屋に〜はありますか？　82
18　Internet ／〜はどうやって使うのですか？　84
19　Restaurant ／〜はどこですか？　86
20　Toilet ／〜が壊れています　88

Eating Out
〜美味しい食事だって、1語で食べられる！
21　Two ／〜人の予約をお願いします　90
22　Hamburger ／〜をお願いします　92
23　Spicy ／これ、〜な味？　94
24　Ketchup ／〜を持ってきてください　96

Shopping
～買いたい物を1語だけで購入しよう！
　25　How much ／この～はいくらですか？　98
　26　Try ／この～を試着してもいいですか？　100
　27　Smaller ／
　　　ほかに～なものはありませんか？　102
　28　Wine ／～はどこにありますか？　104

In Trouble
～緊急事態！　とっさの1語で乗り切ろう！
　29　Fire ／火事です！　106
　30　Wallet ／～が盗まれた！　108
　31　Lost ／～がなくなりました　110
　32　Police ／～を呼んでください！　112

Getting Sick ～病気！?
1語をあてはめて、きちんと症状を伝えよう
　33　Doctor ／～を呼んでくださいませんか　114
　34　Drowsy ／～のような気分です　116
　35　Hurt ／～が痛いです　118
　36　Cold ／～（病名）です　120
　37　Laxative ／～をください　122
　38　Allergic ／～のアレルギーです　124

contents

Keeping in Touch
～１語からはじまる友情をふかめよう！
39 Address ／あなたの〜を教えて！　126
40 Call ／〜してね！　128

第3章 "使える１語"を覚える４つのポイント！
英会話はやっぱり単語がいのち！
語彙力アップの裏ワザ　　　　　　　　　　131

とっさの１語を、きちんと覚える方法　132
やさしい単語が、
　あなたにとって必要な単語とは限らない　143
楽しみながら１語を覚える、
　するとほかの単語も覚えたくなる　148
自分の思いつきを
　自分なりの方法でフレーズにすること　154
脳に英単語をきちんと覚えさせる第２の方法　157
まずは身近な単語・カタカナ英語から覚える、
　これが鉄則　161

第4章 緊急対応！"たったの1語"用語集
あなたを救うトラブル解消の、この1語 167

海外へ出る前にチェックすること 168
緊急時に（in an emergency） 172
犯罪（crime） 174
病気の症状（symptoms of diseases） 175
薬名（names of medicine） 176
病院（hospitals） 177
病名（names of diseases） 178
臓器（internal organs） 179
ビジネス単語（business words） 180
感情（feelings） 181
交通（traffic） 182
買い物（shopping） 183
月と週（month and week） 184
世界の都市名
　（names of the cities in the world） 185
世界の主要国（観光・ビジネス）地図 186

本文ＤＴＰ■ハッシィ
カバー・本文イラスト■村山宇希

"通じる1語" は
ここが違う！

心に響く1語英会話のとっておきのツボ

1語で生き延びるサバイバル・イングリッシュ！

泥棒に出くわしたら
Fire［ふァイア］（火事だ）！
と叫ぼう！

　海外で泥棒に遭ったとき、

「泥棒（Thief［すィーふ］）だ！」

　そう叫んでも、**通りの家の窓は開きません。**
　まして、泥棒よりもっと怖そうな「強盗（=Burglar［バ～グらァ］）だ！」といおうものなら、家の窓はますます固く閉められてしまうでしょう。
　変に窓を開けようものなら、銃弾が本当に飛んでくる可能性があるからです。

　火事なら火元を確認して、逃げることができます。素直に窓を開け出火場所を確認しようとするでしょう。
　でも、泥棒だ！　強盗だ！　といわれたら素直に窓を大きく開けて泥棒の逃げて行く方向に堂々と視線を投げることはしないでしょう。自分の方に弾が飛んでくるリスクを考えたら当然のことだと思います。

　泥棒は他人事だけど、火事は、家の中にいる人たちに

とっても緊急事項なので、みんな心配になって窓を開けてくれる→泥棒がみんなに注目されることになる→助かる可能性が高くなる、というわけです。

POINT!

正直に Thief（泥棒）！ Burglar（強盗）！
と叫んでも誰も助けてはくれません。やっぱり、
Fire（火事）！ですね。

関連重要単語

fire　thief　burglar

1 語を発する勇気

一言で何とかなります。とりあえず声を出してみてください！

　太平洋戦争が終わり廃墟と化した静岡に、父親が電話局長として赴任したのがきっかけで、私は中学、高校を静岡で過ごすことになりました。

　確かに幼児体験として、横浜港の桟橋で各種の外国語のシャワーを浴びていましたから、どんな外国語を耳にしても違和感はありませんでした。

「話す英語」に関しては、たった1語をほとんど無意識に、自分の口から発したのが最初だったと思います。

　何事も「きっかけ」が大事です。

　中学何年生のときだったか記憶は定かではありませんが、アメリカ人グループが、道を間違えたのか、行き先を間違えたのか、お堀の中にあるわが中学校の中に迷い込んで来たことがありました。

　わが中学生の一団は、そのとき二つに分かれたように記憶しています。何人かは、怖くなって逃げて行ってしまいました。私もけっして勇敢なタイプの人間ではなかったのですが、どうしようかと迷っているうちに、目の

前に外国人の集団が迫ってきていました。
　最初は、外国人の国籍もわかりません。
　現実には私は逃げないグループに入っていましたが、今から考えると、やっぱり逃げ出したい心境にあったと思います。何となく逃げないで、その場に立ち止まっていただけでした。
「どうしようかな？　まだ遅くない。とどまるか逃げ出すか？」
　そう思ったとき、外国人の一団はもう自分の真ん前に来ていました。
　逃げないでとどまっていた何人かも、どうしてよいものかわからずうろうろしていたのを思い出します。1人のハイヒールを履いた背の高い女性が、突然、1枚の紙を私の前に差し出してきました。
　何をいっているのかさっぱりわかりませんでした。
　でも、紙に書かれているのは文字ではなく、簡単な建物のスケッチでした。どこかで見たような建物の形でした。
　私は思わず、叫んでしまいました。

「シティ・ホール（市役所）だ！」

"とっさの"判断で、"とっさに"口から出た英語でした。
　学校の英語の授業でやったばかりの単語でした。
　私の頭の中では、city hall と英語で認識してはいましたが、"とっさの"判断で口にした言葉は、音声だけで

文字認識はなかったような気がします。

英語で書きますと、確かに次のような2語になります。

city hall

でも、「シティ・ホール」と日本語で発音しますと、完全に1語の世界として認識していたようです。

"city hall"は厳密には戦後、初めて口にした英語ではありませんでしたが、でも学校の授業で、まさによくいうところの『中学英語』をベースにし、しっかり脳に刻み込まれた英語だったような気がします。

その意味で、「シティ・ホール」は無意識とはいえ、私が正式に学校で習った中学英語を口から発していたわけです。

とにかく私の発音で、アメリカ人の一行は『市役所』という認識を持ったようでした。口々に、「シティ・ホール」「シティ・ホール」といいながら去って行きました。

私が"正式な英語として"外国人に向けて声を発したのは、このcity hallが人生で初めての言葉だったのです。

自分の知っている力を存分に発揮して、口を開くことが何よりも大切なことだと認識しました。この言葉によって、外国語をそれなりに自由に話せる人間になっていったと思います。

きっかけが大事です。

それがどんなに小さなものであってもいいのです。

第1章　"通じる1語"はここが違う！

　外国人が近づくと本能的に逃げて行く人を街中で時々、目にします。
「もったいないなあ！　英語を覚える最高のチャンスなのに！」
　小声で私はそう叫んでしまいます。

POINT!

とにかく英語の1語を、口を開けてまず発してみましょう。本当にその1語が、あなたを立派な英語遣(づか)いに変身させるのです！

関連重要単語

city hall

1語で支えたビジネス

"1語英会話ビジネス"のツボ

　教職の世界に入る前、私は日本の総合商社に32年間勤めていました。

　ロシア語を一言も話せないのに、志願してモスクワ駐在員になりました。

　モスクワのシェレメチェボ国際空港に降り立ったとき、私は一瞬、すくんでしまいました。

　目に入る文字はロシア語、耳に入ってくる言葉もロシア語だけでした。国際空港であるにもかかわらず、英語表記の入国関連の表示が、私の眼には全く入ってきませんでした。右も左もわからず、一体、何が始まるのか見当もつきませんでした。

　飛行機を降りる直前、兵隊が機内にどやどやっと入ってきて、パスポートを取り上げ持って行ってしまいました。慣れない通関手続に度肝を抜かれました。異常な事態が眼前で繰り広げられ、ロシア語を全く解さない私は思わぬパンチを食らわされました。行き場のないような恐れを抱きました。得体の知れない恐怖感が脳裏を走り抜けて行きました。

第1章　"通じる1語"はここが違う！

「とんでもない国に来てしまった?!」

これが偽(いつわ)らざるモスクワの第一印象でした。

でも、志願してきた以上、その足で帰国するわけにはいきません。

言葉ができないことは、私の中で恐怖をますます増幅(ぞうふく)させる原因になりました。

とにかく見よう見まねで通関手続を終えました。

ロシア語という武器を持たないモスクワ駐在員の悲劇がひしひしとわが身に迫っていたのです。

日本からはソ連の貿易公団とアポイントメントを取って、その日のうちに会談内容を連絡するようにという厳しい電報が舞い込むことがしばしばありました。

緊急避難として、商談に必要なロシア語の単語をカタカナで書いて、覚えることにしたのです。

正確にどんな単語をどれだけ覚えたか、はっきり思い出せませんが、次に挙(あ)げる単語だけは頭に残っています。

どうぞ	「パジャーリスタ」
通訳（女性の）	「ペレボーチカ」
いつ	「カグダー」
時間	「ブレーミャ」
明日	「ザーフトラ」
会社	「フィルマ」
価格	「ツェナ」
ありがとうございます	「スパシーボ」

駐在を始めてから3か月間は、ロシア語のアルファベットがあやふやだったので、カタカナでロシア語を覚え、英語と組み合わせながらかろうじて仕事をこなし、帰国命令を何とかかわすことができました。毎日毎日、サーカスの危険な技に挑み、内と外からの圧力に耐えていました。

　その時、私が駐在員としてモスクワに残れる手段は、カタカナ発音のロシア語1語で、いかに商談を進められるかにかかっていました。

　この日本式で覚えた特殊なロシア語の単語は、私にとっては何物にも代えがたい大切な宝物でありました。

　1語の持つ底知れぬ力を私は信じ続けようとしていました。

「スパシーボ（ありがとう）！　スパシーボ！　スパシーボ！」

　私は何十回となくホテルの自分の部屋の壁に向かってそう叫びつづけていました。極限の世界の中で私を救ってくれた1語1語に感謝し続けたのであります。この時、「1語の持つ無限の力」を知った私は、1語会話の信者になっていたのです。

　さらに、私を救ってくれたのは、信じられないような一つの現実でした。

第1章　"通じる1語"はここが違う！

　それはソ連の貿易公団の担当者で、英語の単語をやっと理解できるレベルの人と知り合いになったことです。私は1語のロシア語で、相手は1語の英語でいかに意思の疎通をはかるか。

　これはたいへん難儀な作業でした。でも、相手も必死になって英単語を覚えようとしていましたから、こちらは助かりました。

　日本側に自分の言葉の弱点を少しでも感じさせないように気を配っていました。それには電報の内容を的確に日本側に伝える努力を人一倍したのです。

　カタカナ1語のロシア語でも、何とか3か月のモスクワ勤務を可能にしてくれました。モスクワの生活に慣れてきたところからロシア語の勉強を本格的に始めることにしたのです。

　総合商社の中では、海外の赴任先で言葉が通じず、勤務半ばで帰国命令を出される者がかなりの数にのぼります。その中の1人に、自分がならないように、私はロシア語を覚えていきました。

　約半年間はロシア語の1語会話で何とか商談をこなしていました。

　モスクワ駐在3年目から、ロシア語だけで商談するようになりましたが、現実は毎回が真剣勝負であり、冷汗ものでした。

　4年間の駐在期間中、前半の2年間は、少し大げさにいえばやっぱり1語によるロシア語の世界でした。1語

のロシア語ではどうしても通じないときは、1語の英語の助けを求めていました。

　私のロシア語のハンディを救ってくれたのは、ソ連側の貿易公団で先に挙げた英語を覚えようとしていた窓口担当者と英語の1語で商談を進める時期があったからです。相手は英語の1語で、こちらも基本的には相手に合わせて、英語の1語で商談していました。でも知っているロシア語の語彙があれば、英語にかえてロシア語1語による会話を混ぜました。

　相手に合わせて私が使った英単語は、次のような極めて初歩的なものばかりでした。

明日　tomorrow
朝　morning
10時　ten
会う　meet
持ってくる　bring
仕様書　specification
見積もり　estimate
価格　price
高い　high
低い　low
これでいいですね　OK
船積み　shipment
値引き　discount

第1章 "通じる1語"はここが違う！

　ソ連側の貿易公団の相手も必死になって英語を覚えようとしていたので、意味が通じれば英単語1語で会話が立派に成り立っていたわけです。ビジネスもできたということです。

あなたに必要なビジネスの1語を知ってさえいれば、商談だって可能になります。

関連重要単語

tomorrow　morning　ten　meet　bring　specification　estimate　price　high　low　OK　shipment　discount

こんな英語で通じさせる度胸

do ＋名詞＝動詞で
英会話はここまで通じる！

　小さい時から私は変わった子でした。

　小学校時代の成績はクラスの中で「びり」から数えた方が早かったようです。九九も全部はできませんでした。たとえば３×７＝21はできましたが、７×３＝？で、いまでも３×７＝21と置き換えて計算しています。

　いまから思うと、簡単にやることばかり考えていたようです。

　正規の英文法は、中学時代、自分なりにやったつもりですが、同時に英語ができない仲間に対しては、先生にばれないように、変な英語の学び方をこっそり教えていました。亜流というか、誤魔化しというか、英語嫌いの仲間には文法無視で、何となく英語のお勉強についていけるウルトラＣを伝授していました。いまでも、その時の自分の言葉を覚えています。

「闇の英語」

　勝手に自分の中で、そう呼んでいました。

　He reads a book.（彼は本を読む）

　英語の嫌いな仲間は、３人称単数現在形の場合、動詞

のうしろになぜsがつくのか、先生の説明を何回聞いてもわからず、半ば英語をあきらめかけた者がいました。私は仲間にこっそりいいました。

「sなんか無くても通じるみたいだ。頭が混乱して英語が嫌いになるんだったら、そんなsなんか無視するか、忘れるんだな。sがなくても英語は読めるし、将来、話せるようになると思うよ」

この＜とんでもないこと＞を平然といえるおかしな子供だったようです。その延長線上で、いま、すごいことを書こうとしています。平然と怪しげな、しかし根底にある考え方はすごくまじめな、そんな英語の使い方を述べたいと思うのです。

それが、見出しのdo＋名詞＝動詞、の方程式です。

私の中学時代の思想はいまも変わっていないんですね。そもそもこんなことを考えるきっかけになったのは、次のような英文に出くわしたからであります。

I play the violin.
I play baseball.
I go shopping.
I take a taxi.

私は、表面はまじめな子でしたが、心の中は「超いたずらっ子」で、この手の文章が出てきますと、意味は通

じますが、もっと簡単にいえたら、クラスの英語嫌いの仲間を英語好きにさせられるぞと、密かに陰謀を企てるのが趣味でした。

［とんでもない疑問　その１］
the や a なんかなくても通じるじゃないか。

［とんでもない疑問　その２］
get on, get off こんなふうに、get の後に変なものがついて熟語を作るなんて、覚えるのがメンドクサイな。

［とんでもない疑問　その３］
play も go も take も get も、動詞にはいろいろあって複雑だな。簡単にすることはできないかな。

［とんでもない疑問　その４］
　大体、同じ動詞の play を使うのに、楽器の前には the をつけて、個別のスポーツの前には the がつかない。こんな文法、どこのだれが作ったんだよ！

　英語は好きな科目でしたが、私は複雑な決まりがわからず困っている仲間のことを考えると、変な文法はますます気に入らなくなっていきました。
　今は、学校を出てからずっと英語を使わなかった人たちが、海外旅行をする場合、あるいは、仕事でアジアの国々に出張したり、駐在することを余儀なくされる機会が増えてきて、私の中学時代の仲間と同じ境遇に置か

第1章 "通じる1語"はここが違う！

れた人がたくさんいます。ならばひと肌脱ごうかと、次の方程式を考え出したのであります。

do ＋ 名詞 ＋ ジェスチャー ＝ 動詞

英語を職業としている人からは、冗談も休み休みにしろよと罵声を浴びせられそうです。気持ちはよくわかりますが、英語を忘れた人、または新たにやろうとしている人で、「とにかく通じればそれでよし」と思う人は、ぜひ試してみてください。

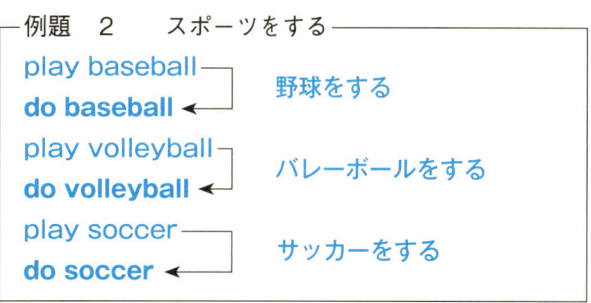

―例題 3　家族で一緒に ―――――――――――――

go shopping ――┐
do shopping ←―　買い物に行く

go camping ――┐
do camping ←―　キャンプに行く

go skiing ――┐
do skiing ←―　スキーに行く

―例題 4　乗り物に乗る ―――――――――――――

take a taxi ――┐
do taxi ←―　タクシーに乗る

get on a plane ――┐　飛行機に乗る
do plane ＋ 手のひらを上に向ける

get off a plane ――┐　飛行機を降りる
do plane ＋ 手のひらを下に向ける

POINT!

名詞の頭に do をつけ、足りない分はジェスチャーで補えばいいのです。

関連重要単語

read　book　play　violin　baseball
taxi　take　shopping　piano　cello
volleyball　soccer　camping　skiing
go　get　plane

第1章 "通じる1語"はここが違う！

たった「3語の英語」の英会話

3語に増えれば、世界中を楽しく旅行することが可能です

　海外の旅先で1人の日本人と偶然、出会いました。世界をコツコツと1人旅している30代前半の青年でした。会った場所はイスラエル最大の商業都市テル・アビブのヒルトン・ホテルのレストランでした。

　窓越しに見る地中海には純白の帆で風を存分に受けたヨットが、かなりのスピードで目の前を通り過ぎて行きました。地中海の「青」が私の眼に心地よい刺激を与えてくれました。

「世界中を旅しておられるので、外国語は相当の数、話されるのでしょうね。英語はもちろんフランス語だとかひょっとしてアラビア語も？」

　相手は私に何と答えてよいものか、戸惑っているようでした。

　2〜3秒、話が途切れました。30代の青年はおもむろに口を開きました。

「実は私には、きちんと話せる外国語は一つもありません」

「？」

　私は一瞬、言葉に詰まってしまいました。

意外にも私の考えた旅人像とは全く異なっていました。
　それを察知したのか青年は口を広げて、さりげなく外国語ができない理由を述べ始めました。

「理由(わけ)あって、実際には中学校にもほとんど行っていません。ですから外国語といっても英語のアルファベットをやっと覚えた程度です。これが、本当の話です。それでも私は１人旅をこうして続けています。回った国はすでに何十か国にもなります」

　私の予想は、見事に外(はず)れました。
　私も 50 か国ほどの国を回ってきた旅人です。
　だんだん打ち解けてくるにつれ、彼は熱を込めて、私に語ってくれました。

「僕が知っているアラビア語は、『シュクラーン』と『ヤパーニ』だけです。でも、この２語だけで私はアラブ世界をかなり旅してきました」

　シュクラーンは「ありがとう」、ヤパーニは「日本人」か「日本」かよくわからないようでしたが、この２語だけで、アラブの人に歓待(かんたい)を受け、これまでは順調に旅してきたと語っておられました。
　何を隠(かく)そう、私のアラビア語は彼と全く同じで、彼の使った２語と同じ単語だけを知っていました。

第1章　"通じる1語"はここが違う！

　お互いにアラビア語2語だけを使う旅人として、日本語を使ってイスラエルのテル・アビブでよもやま話に花を咲かせていたのです。
　彼が英語について触れたとき、いくらなんでも少しぐらいの会話は絶対できるはずだと考えました。
　ところが彼の口から出た言葉は意外や意外、
「実は英語も本当の話、3つの言葉しか知りません」
「は？　3つの言葉といいますと？」
　日本人の旅人は少し考えて、やっと口を開きました。

Thank you
Please
Sorry

「これだけです」
　語気を強めてそういわれました。
　彼の風貌だけから判断すると、にわかには信じがたいものでした。
　でも、同時に頷ける部分も、彼の語りの端々から感じ取ることができました。
　彼の語りから私なりに感じ取ったものは、次の5点でした。

● 「度胸」〜恐れを知らない冒険心が胸騒ぎする
● 「意欲」〜だれにも負けない情感が体の底から沸き上がる

- ●「生まれながらの楽天主義」〜何とかなるさ
- ●「世界の旅を続けたいという気持ち」
  〜心の中で強く沸き起こる
- ●「ジェスチャーだけでも通じてみせるという情念」
  〜渦巻く

十分に信用できる相手でした。
私も旅慣れた人間ですから、ある程度は勘が働きます。
彼を通じて、
「海外旅行は言葉だけがすべてではないこと」
を十二分に知ることができました。
一見、取るに足らないことのように映るかもしれませんが、私は前述の英語を日本語に直して、味わってみることにしました。

「ありがとうございます」
「どうぞ」
「どうもすみませんでした」

1人になったとき私は、日本語で5回、実際に声を出してみました。

5回日本語で唱えながら、私はあるビューティー・スクールが、パンフレットの中で語っていた言葉を思い出しました。
正確な表現は覚えていませんが、次のような趣旨のこ

とが述べられていたと思います。

「同じ『ありがとう』をいうにしても、つっけんどんにいう場合と、心から感謝の念を込めていう場合とでは、言葉の声色(こわいろ)が違ってきます。誠意を込めて感謝するときは、少しゆっくりめに、そして、ありがとうの言葉の響きが残るように長めに引っ張っていいますと、相手にはこちらの感謝の気持ちがよく伝わります。言葉の響(ひび)き、言葉の音色に気を配(くば)り、自分自身が本当に感謝の言葉を心からいえる人間になって下さい」

つまり、感謝の気持ちを伝えるには、同じ『ありがとうございます』にも、いろいろな「ありがとうございます」があることを諄々(じゅんじゅん)と説(と)いておられました。

Thank you. (ありがとう)

と英語でいっても、話し手の言葉の抑揚なり気持ちなりが異なると、1つの言い回しであっても、様々な表現が生み出されます。
その表現が何通りにも何十通りにもなるのです。まるで新しい言葉が生み出されるかのように！

Please. (どうぞ)

にも、まったく同じことがいえそうです。ここで「お

作法」じみた昔の修身教育を思い起こさせるような言い方は避けますが、ただ庶民の間で何気なく交わされる日常の言葉の中に、大変な知恵が包含されているように思えます。

Sorry.（すみません）

も、自分が間違いを犯したときは、誠意をもって謝れば、自然に抑揚も異なってくるでしょう。
　相手にもこちらの誠意が汲み取られて、許してもらえる可能性が高くなります。

　しかし、これが全く通用しない国があります。少なくともアメリカでは、交通事故に見舞われたとき、相手が悪い場合は、日本的美徳を重んじて、「ごめんなさい」から始めるのは絶対避けてください。
　アメリカでは、sorryを初めに口にした方が加害者にされます。裁判になった場合、悪者扱いされ、まず裁判には負け、たんまり賠償金を払わされます。保険に入っていなければ財政的に破綻することだって十分にあり得ます。
　アメリカでのSorry！は、まず使わないことを前提にしましょう！
　ということは、英語が上手に話せなくても、旅する国の事情をよく調べ、その知識の方が英語を話すことよりもずっと大切なのです。

「旅する心」とは、これは私の流儀ですが、行った先に別れを告げるとき、自分ひとりになる時間が少しでも取れれば、大地にキスをして次のようにいいます。

「素敵な国を見ることができました。ありがとうございました。また来ます。待っていてくださいね！」

POINT!

3語旅行の5つのツボをおさえれば、どんな国も怖くない！

関連重要単語

thank you　　please　　sorry

1 語の威力

人の名前1つでコミュニケーション、それも立派な英会話

　新幹線の中で60代後半の2人の乗客が、あたりかまわず大声を張り上げていました。
　高橋尚子(たかはしなおこ)が2001年、ベルリン・マラソンで第1位になったことが話題の中心でした。
　1人は実際にベルリンまで足を運び、もう1人は日本にいてテレビ観戦をしていたようです。かなり長い間、話が盛(も)り上がっていましたが、話の核になる部分を抜き出して紹介したいと思います。

　10年以上前の話ですが、内容的にはいまだに極めて新鮮な対話になっています。
A「高橋がよく頑張ったじゃあないの。テレビを観(み)ていて、ぐっときちゃった」
B「私は現場で高橋を見たんで、テレビ観戦より迫力があったんじゃあないかと思うわ。跳(と)び上(あ)がって喜んだわよ」
A「最後は相当、苦しい顔していたわよ」
B「現場で見ていても、苦虫(にがむし)をかみつぶしたような顔していたわよ。苦しかったんだね」

A「でも、世界記録を出して１着だった。すごい」

B「ゴールインした高橋には何か、そうそう聖人のような風格というかオーラのようなものが漂っていた感じだった。本当にワンダフルだったね」

A「あら、あんた急に英語づいた感じ。英語なんか使っちゃって」

B「ワンダフルっていうには、ちょっとした理由があるの」

A「えっ！ どんな？」

B「ちょっとしたいい体験しちゃったの。実はね、この間、東京駅から西荻窪駅に行く電車の中で、青眼でハンサムなアメリカの青年が何と私の隣に座ったのよ。爽快感、抜群だったよ」

A「で、その青年がどうしたの？」

B「私、そのとき、実はベルリンで撮った写真を広げて、その時のことを思い出しながらニタニタ笑っていたのよ。隣のそのハンサムな青年が私に突然、話しかけてきたのよ。でも、相手が何をいっているのか、全く分からなかった。でも、途中から『ベルリン』『タカハシ・ナオコ』『マラソン』だけはわかったの。要するにね、相手が何をいわんとしていたのかが理解できたっていうこと」

A「で、どうしたの？」

B「だからさ、こっちは

Takahashi Naoko, marathon, number one, Berlin Marathon, Wonderful! Wonderful!

そういってやったのよ。通じたね。その青年、急にニコニコ笑いだすじゃない。単語並べるだけのめちゃめちゃな英語だったけど、100パーセント通じたみたい。相手は電車を降りるとき、私に握手してくれたんだ。という訳でね、ワンダフルって使ったのよ」
A「で、ワンダフルどこで覚えたの？」
B「そのぐらい知っているわよ。これって、もう日本語になっているのと違う？」
A「英会話、それで味しめたっていうわけね」
B「ま、そんなところかしら。ただ、単語の並べ方全然知らないので、人の名前、外来語のマラソン、ナンバー・ワンなどなど思いつくまま、単語を並べたの。大切なことは、それでも通じたということね」
A「その通じたっていう快感が大切なように思うわ」
B「ワンダフルは1語だけど、会話の中でうまく使うと効果抜群だね。これって、最高！　しびれちゃうわ。英語ってちょっとまじめにやれば話せるようになるかも」
A「……」
B「ワンダフルもマラソンも、それにベルリンの単語の綴りも知らないでしゃべっちゃったんだから、私って相当の心臓の持ち主みたいね」

　英語のレベルとしては、最低です。これ以上もこれ以下もないでしょう。
　でも、初めて外国人と英語による会話に挑み、「通じた」という感覚を持ちえたことは大変な出来事です。外国語

はこのようなプロセスを踏んで話せるようになれます。

彼女が使ったわずかな言葉をチェックしてみますと、

Takahashi Naoko も
Berlin も

まさに固有名詞であってこれぞ英単語とはとてもいえないレベルの言葉です。

それでもそこに会話が成り立っていたという現実は高く評価されなければなりません。すべては話し手が何等かの満足度を覚えたとき、立派に会話が成り立っていることを意味します。

Berlin は日本式に「ベルリン」とアクセントをつけずにのっぺりと「ベ」「ル」「リ」「ン」と発音しても、多分、通じないことはないでしょうが、国際都市であり、英語でも正式な発音は存在します。

ここで新たに覚えるのであれば、ちょっと得した感じはするでしょう。もっとも「ベルリン」とのっぺり発音しても、前後関係の言葉があれば容易に認識できる単語になるでしょう。

ちなみに正式の発音は、[バ〜**リ**ン]です。

でも、「高橋尚子」(Takahashi Naoko) があれば、どんな発音の"ベルリン"でも問題はなさそうです。通じます。2001 年のベルリン・マラソンが行われた後の 2

〜3年間であったら、「高橋尚子」"Takahashi Naoko"どちらを使っても1語で彼女が優勝したベルリン・マラソンを語ることになります。

　日本人同士でも、外国人同士でも共有する会話が成り立ったに違いありません。

POINT!

人名・地名だけの英単語でも、コミュニケーションは成立します。

関連重要単語

marathon　number　one　Berlin　wonderful

第2章

"とっさの1語"、いま必要なのはこれ！

シチュエーション別に単語を選ぶだけ

Making Small Talk ～世間話をしてみよう！

01 Morning

Good ▭ .

――――《基本フレーズ》――――

Good morning. [グッド モーニング]
おはよう！

挨拶はコミュニケーションをとるうえでもっとも重要です。

これさえできれば、もう友だちになったも同然です。

Good のあとには、morning や luck などの名詞がきます。とにかく笑顔！　元気よく発声しましょう。

あとは1語入れるだけ！（例文）

Good day. ［グッド デイ］
こんにちは！

Good afternoon. ［グッド アふタヌーン］
こんにちは！

Good evening. ［グッド イーヴニング］
こんばんは。

Good night. ［グッド ナイト］
おやすみなさい。

Goodbye. ［グッド バイ］
さようなら。

Good luck. ［グッド らック］
幸運を祈ります。

Making Small Talk ～世間話をしてみよう！

02 Great

How are you? [ハウ ワー ユー]
元気？

I'm _____.

《基本フレーズ》

I'm great. [アイム グレイト]
とっても元気だよ

出会ったときに交わす、決まり文句。
このフレーズから会話ははじまっていきます。
I'm のあとには、自分の状態を表す形容詞が入ります。
I'm を抜かして Great! だけでも十分通じます。

この1語だけでもOK！（例文）

Fine. [**ファ**イン]
元気です。

OK. [オウ**ケイ**]
だいじょうぶ。

So-so. [**ソ**ゥソゥ]
まあまあかな。

Terrible. [**テ**リブる]
調子は最悪だよ。

Making Small Talk 〜世間話をしてみよう！

03 Teacher

What do you do? [**ウォ**ット ドゥ ユー ドゥ]
どんな仕事してるの？

I'm a _____ .

《基本フレーズ》

I'm a teacher. [アイム ア ティーチャ]
教師をしています

　海外の方とコミュニケーションをとるとき、職業を尋ねられることが多くあります。自分の職業の英単語は事前に調べて知っておくといいですね。
　I'm のあとには、自分の職業を表す名詞が入ります。もちろん、I'm a を抜かして、Teacher! だけでも通じますよ。

この1語だけでもOK！（例文）

Student. [ス**テュ**ーデント]
学生です。

Office worker. [**ア**ッふィス ワ～カァ]
会社員です。

Tour guide. [**ト**ゥア ガイド]
観光ガイドです。

CPA. [スィピー**エ**イ]
（米国）公認会計士です。

Lawyer. [**ろ**ーヤァ]
弁護士です。

Doctor. [**ド**クタ]
医師です。

Making Small Talk 〜世間話をしてみよう！

04 Hot

Looks like it's going to be a ☐ day.

今日は〜になりそうな空模様だね

《基本フレーズ》

Looks like it's going to be a hot day.

[るックス らイク イッツ ゴウイング トゥ ビー ア ホット デイ]

今日は暑くなりそうだね

　天気の話も、初級コミュニケーションで必須です。日本人同士でも天気の話題は誰とでもできますよね。
　☐のなかには、気候をあらわす形容詞が入ります。もちろん、Hot! だけでも通じます。

あとは1語入れるだけ！（例文）

Looks like it's going to be a beautiful day.
[――――――――ビューティふる デイ]
今日は素晴らしい天気になりそうですね。

Looks like it's going to be a cloudy day.
[――――――――クらウディ デイ]
今日は曇り空になりそうですね。

Looks like it's going to be a cold day.
[――――――――コゥるド デイ]
寒くなりそうだなぁ。

Looks like it's going to be a rainy day.
[――――――――レイニィ デイ]
雨が降りそうですね。

Looks like it's going to be a snowy day.
[――――――――スノウイ デイ]
雪になりそうですね。

Making Small Talk 〜世間話をしてみよう！

05 See you

See you ☐ .

また〜に（会いましょう）ね！

《基本フレーズ》

See you. [スィー ユー]

またね〜！

別れるときの定番の挨拶です。

次に会う約束があるのなら、See you のあとにその時を表す名詞を入れます。

でも、いちばん簡単なのは、See のあとに you をつけるだけで十分です。

あとは1語入れるだけ！（例文）

See you later.
[スィー ユー れイタァ]
あとでね。

See you again.
[スィー ユー アゲイン]
また会いましょう。

See you tomorrow.
[スィー ユー トゥモロウ]
明日ね。

See you on Saturday.
[スィー ユー オン サタデイ]
土曜日にね。

Making Small Talk 〜世間話をしてみよう！

06 Good

Have a good ☐ !

良い〜を！

―――《基本フレーズ》―――

Have a good day. [ハヴ ア グッド デイ]
良い1日を過ごしてね！

　これも定番の挨拶です。これから出かける人に向ける言葉として、別れ際によく使われます。
　goodの後には、名詞が入ります。

あとは1語入れるだけ！（例文）

Have a good time.
[ハヴ ア **グッド** タイム]
良い時間を過ごしてね！

Have a good trip.
[ハヴ ア **グッド** トゥリップ]
良い旅を！（気をつけて行ってらっしゃい！）

Have a good flight.
[ハヴ ア **グッド** ふらイト]
飛行機での良い旅を祈っているよ！

On the Plane 〜飛行機のなかで、1語の決まり文句

07 Tea

☐ **, please.**

〜をください

《基本フレーズ》

Tea, please. [ティー プリーズ]
紅茶をください

　さあ、海外への出発です。飛行機が離陸すると、飲み物が配られます。

　もちろん欲しい飲み物の1語だけでも通じますが、pleaseをつけるだけで印象はずっとよくなります。

　おかわりを頼むときは、More [モー] をこれらのフレーズの前につけるだけです。

第2章 "とっさの１語"、いま必要なのはこれ！

あとは１語入れるだけ！（例文）

Coffee, please. [**コ**ふぃ プリーズ]
コーヒーをください。

Water, please. [**ウォ**ータ プリーズ]
水をください。

Soda, please. [**ソ**ウダ プリーズ]
ソーダをください。

Beer, please. [**ビ**ア プリーズ]
ビールをください。

Wine, please. [**ワ**イン プリーズ]
ワインをください。

More coffee, please. [モー **コ**ふぃ プリーズ]
コーヒーをもう１杯ください。

More water, please. [モー **ウォ**ータ プリーズ]
水をもう１杯ください。

More soda, please. [モー **ソ**ウダ プリーズ]
ソーダをもう１杯ください。

More beer, please. [モー **ビ**ア プリーズ]
ビールをもう１杯ください。

More wine, please. [モー **ワ**イン プリーズ]
ワインをもう１杯ください。

On the Plane 〜飛行機のなかで、1語の決まり文句

08 Pillow

Can I please have a ⬜ ?

〜をいただけますか？

《基本フレーズ》

Can I please have a pillow?

[キャンナイ プリーズ ハヴ ア ピろゥ]

枕をいただけませんか？

(07)のフレーズより、さらに丁寧（ていねい）な言い回しです。

ここに1語入れるだけで、英会話上級者へ変身できるでしょう。

もちろん欲しい物を1語だけ Pillow? と語尾をあげて発音しても通じます。

この1語だけでもOK！（例文）

Blanket?
[ブ**ら**ンケット]
毛布をいただけませんか？

Newspaper?
[**ニュ**ーズペイパァ]
新聞をいただけませんか？

Magazine?
[マガ**ズィ**ーン]
雑誌をいただけませんか？

Medicine?
[**メ**ディスン]
薬をいただけませんか？

At the Airport 〜空港も1語で乗り切ろう

09 Sightseeing

What is the purpose of your visit?
[ウォット イズ ざ パ〜パス オヴ ユア ヴィズィット]
何の目的でこの国に来ましたか？

```
┌─────────────┐
│             │.
└─────────────┘
```

《基本フレーズ》

Sightseeing. [サイトスィーイング]
観光です

　入国審査は誰でも緊張します。でも聞かれることは決まっています。

　たくさんの人が待っているので、文章で答える必要もありません。1語で答えるのがピッタリです。

　あなたが見るからに観光者であれば、入国審査官もSightseeing? だけ聞いてくる場合もあるでしょう。そんなときはYes! だけでOK。

この1語だけでもOK！（例文）

Business.
[ビズネス]
仕事です。

Studying.
[ス**タ**ディイング]
勉強です。

Research.
[リ**サ**～チ]
研究です。

At the Airport 〜空港も１語で乗り切ろう

10 Hotel

Where will you be staying?
[**ウェ**ア ウィる ユー ビー ス**テ**イング]
どこに滞在する予定？

―――――――《基本フレーズ》―――――――

Hotel. [ホウ**テ**る]
ホテルです

―――――――――――――――――――

　Hotel の前にあなたが滞在するホテル名と頭に the をつければ完璧です。the Hilton Hotel（ヒルトンホテル）などとなります。

　あとは、友人の家、親戚の家、などのフレーズがあるので、例文を参考にしてください。

　この場合もいちいち文章にする必要はありません。

この1語だけでもOK！（例文）

Friend's (home).
［ふレンズ（ホウム）］
友だちの家です。

College's (dormitory).
［カれッヂズ（ドーミトゥリィ）］
大学の寮です。

Company's (housing).
［カンパニィズ（ハウズィング）］
会社の家です。

YWCA.
［ワイダブりュスィーエイ］
YWCAです。

Getting around 〜 1 語で行きたいところへ移動しよう

11 Bus

When does the next ☐ leave/arrive?

次の〜はいつ出発（到着）ですか？

《基本フレーズ》

When does the next bus leave?

[**ウェン ダズ ざ ネクスト バス リーヴ**]

次のバスの出発時刻はいつですか？

　海外で公共の乗り物に乗るときもドキドキするものです。日本のように時刻表があるとも限りませんから、人に聞くしかありませんね。

　基本フレーズは文章になっていますが、バス停にいればバスを待っていることは当然ですから、"When is the next?" でも通じるでしょう。

あとは1語入れるだけ！（例文）

When does the next train leave?
[**ウェ**ン ダズ ざ **ネ**クスト トゥレイン りーヴ]
次の列車の出発時刻は何時ですか？

When does the next subway arrive?
[**ウェ**ン ダズ ざ **ネ**クスト サブウェイ アライヴ]
次の地下鉄の到着時刻は何時ですか？

When does the next boat leave?
[**ウェ**ン ダズ ざ **ネ**クスト ボウト りーヴ]
次の船の出航時刻は何時ですか？

When does the next flight arrive?
[**ウェ**ン ダズ ざ **ネ**クスト ふライト アライヴ]
次の飛行機は何時に到着しますか？

Getting around 〜 1 語で行きたいところへ移動しよう

12 Train

Where is the nearest ▢ station?

いちばん近い〜の駅はどこですか？

《基本フレーズ》

Where is the nearest train station?
[**ウェア イズ ざ ニアレスト トレイン ステイション**]

いちばん近い駅はどこですか？

　海外で道に迷うことも、駅がどちらかわからなくなることもよくあります。

　基本フレーズは文章になっていますが、もちろん後半部分の train station? だけで語尾をあげれば、旅行者であるあなたを見た現地の人は「駅に行きたいのだな」とわかってくれるでしょう。

あとは1語入れるだけ！（例文）

Where is the nearest bus station?
[**ウェ**ア イズ ざ **ニ**アレスト バス ステイション]
いちばん近いバス停はどこですか？

Where is the nearest subway station?
[**ウェ**ア イズ ざ **ニ**アレスト サブウェイ ステイション]
いちばん近い地下鉄の駅はどこですか？

Where is the nearest monorail station?
[**ウェ**ア イズ ざ **ニ**アレスト モノレイる ステイション]
いちばん近いモノレールの駅はどこですか？

Getting around 〜 1語で行きたいところへ移動しよう

13 Taxi

How long does it take by ☐ ?

〜でどれくらいの時間がかかりますか？

《基本フレーズ》

How long does it take by taxi?
[ハウ ろング ダズ イット テイク バイ **タ**クスィ]

タクシーで何分くらい？

　目的地までどれくらいの時間がかかるのかを聞くフレーズです。

　by のあとには交通手段を表す名詞が入ります。この場合は1語だけで意思を伝えるのが少し難しいので、イザというときは、この本を相手に見せて、☐のなかにあてはまる単語を口に出しましょう。

あとは1語入れるだけ！（例文）

How long does it take by bus?
[**ハ**ウ ロング ダズ イット テイク バイ **バ**ス]
バスで何分くらいかかりますか？

How long does it take on foot ?
[**ハ**ウ ロング ダズ イット テイク オン **ふ**ット]
歩いて何分くらいかかりますか？

How long does it take by train?
[**ハ**ウ ロング ダズ イット テイク バイ トゥ**レ**イン]
列車でどれくらいかかりますか？

How long does it take by subway?
[**ハ**ウ ロング ダズ イット テイク バイ **サ**ブウェイ]
地下鉄で何分くらいかかりますか？

Renting/Driving a Car 〜レンタカーも運転も1語で出発！

14 Compact

I'd like to rent a ▢ car.

〜のような車をお借りしたいのですが

《基本フレーズ》

I'd like to rent a compact car.
[アイド らイク トゥー レント ア コンパクト カー]
小さな車を借りたいのですが

　自分の意思を伝えるときによく使われるフレーズです。これはかなり丁寧な言い方です。
　もちろん、希望の車種を聞かれたら、Compact car！と単語だけで答えても問題はありません。快適で安全なドライブのためにも、自分の希望はしっかり伝えましょう。

あとは1語入れるだけ！（例文）

I'd like to rent a mid-size car.
［アイド **ら**イク トゥー **レ**ント ア **ミッ**ドサイズ カー］
中型車を貸してください。

I'd like to rent a luxury car.
［アイド **ら**イク トゥー **レ**ント ア らグ**ジュ**リアス カー］
高級車を借りたいのですが。

I'd like to rent a Japanese-made car.
［アイド **ら**イク トゥー **レ**ント ア ヂャパニーズ**メ**イド カー］
日本車を貸してください。

> Renting/Driving a Car 〜レンタカーも運転も1語で出発！

15 Shopping center

How can I get to ▢ from here?

ここから〜に行くにはどうしたらいい？

《基本フレーズ》

How can I get to the shopping center from here?
［ハウ キャナイ ゲット トゥー ざ ショピング センタァ ふラム ヒア］
ショッピングセンターに行く道を教えてください

　これは車に乗っていなくても使える、道に迷ったときのお助けフレーズです。

　get to で「〜に到着する」の意味ですから、その後には目的地を表す名詞が入ります。もちろん、旅行者のあなたが、Shopping center? と語尾をあげて尋ねれば、「ショッピングセンターに行きたいのだな」と通じるはずです。

あとは 1 語入れるだけ！（例文）

How can I get to the ●● Hotel from here?
[ハウ キャナイ ゲット トゥー ざ ●●ホウテる ふラム ヒア]
●●ホテルに行く道を教えてくれませんか？

How can I get to ●● Park from here?
[ハウ キャナイ ゲット トゥー ●●パーク ふラム ヒア]
●●公園に行く道を教えてくれませんか？

How can I get to ●● station from here?
[ハウ キャナイ ゲット トゥー ●●ステイション ふラム ヒア]
●●駅に行く道を教えてくれませんか？

［注意］hotel には頭に the がつきます。
　　　　park , station には頭に the はつきません。

At the Hotel ～接客のプロだから、こちらが1語でも問題ありません

16 One

I will be staying for ☐ night/week.

〜日(週)滞在しようと思っています

《基本フレーズ》

I will be staying for one night.

[アイ ウィる ビー ステイイング ふォー ワン ナイト]

1泊、泊まりたいと思っています

☐のなかにはあなたがそのホテルに泊まる予定の数詞が入ります。

ホテルのスタッフは接客のプロです。あなたの英語がたとえ1語だけでもきちんと対応してくれるでしょう。

もちろん、文章にせずに、One night! でもOKです。

この単語だけでもOK！（例文）

Two nights.
[**トゥー** ナイツ]
2泊の予定です。

Five nights.
[**ふァ**イヴ ナイツ]
5泊の予定です。

One week.
[ワン **ウィ**ーク]
1週間滞在しようと思っています。

Two weeks.
[トゥー **ウィ**ークス]
2週間滞在しようと思っています。

At the Hotel 〜接客のプロだから、こちらが１語でも問題ありません

17　TV

Does the room have a ▢ ?

部屋に〜はありますか？

《基本フレーズ》

Does the room have a TV?

[ダズ ざ ルーム ハヴ ア ティーヴィー]

部屋にテレビはありますか？

▢のなかには、あなたが必要としている部屋の備品の名詞が入ります。

海外のホテルはすべての備品が整っていないことも多くあります。

もちろん、文章にせずに、ＴＶ？と語尾をあげて聞いてみても通じるでしょう。

この単語だけでもOK！（例文）

Air conditioner?
[エア コン**ディ**ショナ〜]
エアコンは部屋についていますか？

Twin bed?
[トゥ**ウィ**ン **ベ**ッド]
ツインベッドですか？

At the Hotel 〜接客のプロだから、こちらが1語でも問題ありません

18 Internet

How do I use the ☐ ?

〜はどうやって使うのですか？

《基本フレーズ》

How do I use the Internet?

[ハウ ドゥ アイ ユーズ じ インタネット]

インターネットの使い方を教えてください

☐のなかには、使い方がわからないホテルの備品の名詞が入ります。

もちろん、文章にせずに、使い方がわからない備品を指して How? でもホテルスタッフは親切に使い方を教えてくれるでしょう。

あとは 1 語入れるだけ！（例文）

How do I use the telephone?
[ハウ ドゥ アイ ユーズ ざ テれふォウン]
この電話はどうやって使うのですか？

How do I use the washing machine?
[ハウ ドゥ アイ ユーズ ざ ウォシング マシーン]
この洗濯機はどうやって使うのですか？

How do I use the safety box?
[ハウ ドゥ アイ ユーズ ざ セィふティ ボックス]
このセーフティボックスはどうやって使うのですか？

At the Hotel 〜接客のプロだから、こちらが1語でも問題ありません

19 Restaurant

Where's the ☐ ?

〜はどこですか？

《基本フレーズ》

Where's the restaurant?
[ウェアズ ざ レストラント]

レストランはどこですか？

☐のなかには、ホテル内の施設であなたがいきたい場所の名詞が入ります。

これも1語で聞くのは簡単ですね。

Restaurant?と語尾をあげて聞いてみましょう。もちろん笑顔を忘れずに。

あとは1語入れるだけ！（例文）

Where's the lobby?
[**ウェ**アズ ざ **ら**ビィ]
ロビーはどこですか？

Where's the restroom?
[**ウェ**アズ ざ **レ**ストルーム]
化粧室はどこですか？

Where's the elevator?
[**ウェ**アズ じ **エ**れヴェイタァ]
エレベーターはどこですか？

Where's the pool?
[**ウェ**アズ ざ **プ**ーる]
プールはどこですか？

At the Hotel 〜接客のプロだから、こちらが1語でも問題ありません

20 Toilet

The ▢ does not work.

〜が壊れています

《基本フレーズ》

The TV does not work.
[ざ ティヴィー ダズ ナット ワ〜ク]

テレビが壊れています

▢のなかには、ホテルの備品で壊れていたり、動かない物を表す名詞が入ります。

does not work で「壊れている」という意味になります。

少し困った顔をして備品を指さすだけでも、1語も言わなくとも通じますね。

第2章 "とっさの1語"、いま必要なのはこれ！

あとは1語入れるだけ！（例文）

The door lock does not work.
[ざ ドー ラック ダズ ナット ワ〜ク]
部屋のカギが壊れています。

The lamp does not work.
[ざ らンプ ダズ ナット ワ〜ク]
電灯が壊れています。

The heater does not work.
[ざ ヒータァ ダズ ナット ワ〜ク]
暖房器具が壊れています。

The toilet does not work.
[ざ トィれット ダズ ナット ワ〜ク]
トイレが壊れています。

The shower does not work.
[ざ シャゥア ダズ ナット ワ〜ク]
シャワーが壊れています。

Eating Out 〜美味しい食事だって、1語で食べられる！

21 Two

Table for ☐ , please.

〜人の予約をお願いします

《基本フレーズ》

Table for two, please.

[テイブる ふォー トゥー プリーズ]

2人の予約をお願いします

　レストランの予約の人数を伝えるフレーズです。☐のなかには行きたい人数の数詞が入ります。

　レストランの予約は電話だと難しいと感じる人は、ホテルのコンシェルジェに頼むこともできます。

　人数を聞かれれば、もちろん1語でTwo!と答えればいいだけです。

あとは1語入れるだけ！（例文）

Table for seven, please.
[テイブる ふぉー セヴン プリーズ]
7人の予約をお願いします。

Eating Out 〜美味しい食事だって、1語で食べられる！

22　Hamburger

I'd like a ☐, please.

〜をお願いします

《基本フレーズ》

I'd like a hamburger, please.
[アイド らイク ア ハムバ〜ガァ プリーズ]
ハンバーガーをお願いします

　食事のオーダーの丁寧な表現です。☐のなかにはあなたが食べたいメニューを表す名詞が入ります。
　もちろん、メニューに書かれた部分を指さしてPlease！でも食べたいものが運ばれてくるでしょう。

あとは 1 語入れるだけ！（例文）

I'd like a fish sandwich, please.
[アイド **ら**イク ア ふィッシュ **サ**ンドウィッチ プリーズ]
魚のサンドイッチをお願いします。

I'd like a salad, please.
[アイド **ら**イク ア **サ**らッド プリーズ]
サラダをお願いします。

I'd like a Coke, please.
[アイド **ら**イク ア **コ**ウク プリーズ]
コーラをお願いします。

Eating Out 〜美味しい食事だって、1 語で食べられる！

23 Spicy

Is it ☐ ?

これ、〜な味？

《基本フレーズ》

Is it spicy?

[イズ イット スパイスィ]

スパイスがきいている？

　海外のレストランでは、生まれてはじめて食べるものに出合うこともあります。このフレーズは「どんな味？」と聞くためのものです。☐のなかには主に形容詞が入ります。

　もちろん、Spicy？と語尾をあげて聞けば、「辛いの〜？」といった意味は十分通じるでしょう。

この単語だけでもOK！（例文）

Sweet?
[ス**ウィ**ート]
甘いの？

Sour?
[**サ**ゥア]
酸っぱいの？

Cold?
[**コ**ゥるド]
冷たいの？

Hot?
[**ホ**ット]
辛い？

Eating Out 〜美味しい食事だって、1語で食べられる！

24 Ketchup

Please bring me some ☐ .

〜を持ってきてください

《基本フレーズ》

Please bring me some ketchup.
[プリーズ ブリング ミー サム **ケ**チャップ]
ケチャップを持ってきてください

　お店の人に何かを持ってきてもらいたいときに使うフレーズです。

　もちろん、持ってきてもらいたい物の単語に please をつけて Ketchup, please. だけで、じゅうぶん丁寧な言い回しになります。

あとは 1 語入れるだけ！（例文）

Please bring me a spoon.
[プリーズ ブリング ミー ア スプーン]
スプーンを持ってきてください。

Please bring me a small plate.
[プリーズ ブリング ミー ア スモーる プれイト]
小さなお皿（取り分け皿）を持ってきてください。

Please bring me some salt.
[プリーズ ブリング ミー サム ソーるト]
塩を持ってきてください。

Shopping ～買いたい物を1語だけで購入しよう！

25 How much

How much is this ☐ ?

この～はいくらですか？

《基本フレーズ》

How much is this ring?
[ハウ マッチ イズ ディス リング]
この指輪はいくらですか？

　How much ～？は2語になってしまいますが、これだけはワンフレーズで覚えてください。どこでも使えますから。

　むしろ後ろのフレーズはなくても通じます。買いたい物を持って How much? と聞けばいいのです。

第2章 "とっさの1語"、いま必要なのはこれ！

この単語だけでもOK！（例文）

How much?
[**ハウ** マッチ]
いくらですか？

26 Try

Shopping 〜買いたい物を1語だけで購入しよう！

Can I try on this ☐ ?

この〜を試着してもいいですか？

《基本フレーズ》

Can I try on this shirt?
［キャナイ　トゥライ　オン　ズィス　シャ〜ト］
このシャツを試着してもいいですか？

　これも（25）と同様に、わざわざ試着したい物の単語を言わずとも、試着したい物を手に持って（指さして）Try? と語尾をあげて聞いてみてください。
　通じなかったときは、このフレーズを出してくればいいのです。

この単語だけでもOK！（例文）

Try?

[トゥライ]

試着してもいいですか？

Shopping ～買いたい物を 1 語だけで購入しよう！

27 Smaller

Do you have anything ____?

ほかに〜なものはありませんか？

《基本フレーズ》

Do you have anything smaller?
[ドゥ ユー ハヴ エニすィング スモーらア]
もっと小さいサイズのものはありませんか？

　違うサイズ、デザインや値段のものがないかどうかを聞くときのフレーズです。
　もちろん、フレーズにしなくても、anything smaller? と語尾をあげれば、あなたの意思は伝わるはずです。

この単語だけでもOK！（例文）

Larger?
[**ら**ーヂャア]
もっと大きいサイズのものはありませんか？

Cheaper?
[**チ**ーパァ]
もっと安いものはありませんか？

Brighter?
[**ブ**ライタァ]
もっと明るい色のものはありませんか？

Newer?
[**ニュ**ーワァ]
もっと新しいデザインのものはありませんか？

Shopping 〜買いたい物を1語だけで購入しよう！

28 Wine

Where can I find ▢ ?

〜はどこにありますか？

《基本フレーズ》

Where can I find wine?
[ウェア キャナイ ファインド ワイン]
ワインはどこにありますか？

　直訳すると「ワインはどこで見つけることができますか？」になりますが、意味としては「どこにある？」に。
　もちろん、フレーズにしなくても、スーパーマーケットの店員に Wine? と語尾をあげれば、あなたの意思は伝わるはずです。

この単語だけでもOK！（例文）

Liquor?
[リ**カ**ァ]
酒類はどこにありますか？

Frozen food?
[ふローズン **ふ**ード]
冷凍食品はどこにありますか？

Medicine?
[**メ**ディスィン]
薬はどこにありますか？

In Trouble ～緊急事態！ とっさの1語で乗り切ろう！

29 Fire

Fire!
火事です！

《基本フレーズ》

Fire! [ふァイア]
火事です！（泥棒や強盗に遭ったときも！）

第1章でも述べましたが、ひとけのない路地で泥棒や追いはぎに遭ったときに「泥棒!!」と叫んでも誰も助けてくれない可能性があります。自分には関係ない、と思われてしまうかもしれないからです。

でも、「火事だ!!」と叫べば、「自分の家にも火がくるかも？」と心配になって窓を開けてくれる可能性があるのです。

しかも "Thief!(泥棒)" という単語より "Fire!(火事)" のほうが、簡単ですよね。

第2章 "とっさの1語"、いま必要なのはこれ！

In Trouble ～緊急事態！ とっさの１語で乗り切ろう！

30 Wallet

My ▢ was stolen!

～が盗まれた！

《基本フレーズ》

My wallet was stolen!
[マイ ワれット ワズ ストゥるン]
財布が盗まれた！

　泥棒に遭い、(29) の Fire! と叫んだあとで、誰かが助けにきてくれました。

　その人に「財布が！」と伝えたいですよね。

　日本語での会話でも実際は単語だけの短いものになるはずです。上記のフレーズも丁寧ですが、Wallet! Wallet! と興奮ぎみに１語を並べ立てても、通じるはずです。

　My のうしろには、盗まれたものの名詞が入ります。

第2章 "とっさの1語"、いま必要なのはこれ！

あとは1語入れるだけ！（例文）

My bag was stolen!
[マイ バッグ ワズ ストゥるン]
バッグが盗まれた！

My credit card was stolen!
[マイ クレディットカード ワズ ストゥるン]
クレジットカードが盗まれた！

My money was stolen!
[マイ マニィ ワズ ストゥるン]
お金が盗まれた！

My room key was stolen!
[マイ ルーム キー ワズ ストゥるン]
部屋のカギが盗まれた！

My ticket was stolen!
[マイ ティケット ワズ ストゥるン]
チケット（航空券）が盗まれた！

My passport was stolen!
[マイ パスポート ワズ ストゥるン]
パスポートが盗まれた！

My suitcase was stolen!
[マイ スートケイス ワズ ストゥるン]
スーツケースが盗まれた！

In Trouble 〜緊急事態！ とっさの1語で乗り切ろう！

31 Lost

I lost my ⬜︎.

〜がなくなりました

《基本フレーズ》

I lost my wallet.
［アイ ろスト マイ ウォれット］
財布がなくなりました

　海外でのなくしものはおおごとです。警察に届ける際に、なくしたものを係員に伝えましょう。
　myの後には、自分がなくしたものの名詞が入ります。

あとは 1 語入れるだけ！（例文）

I lost my bag.
[アイ ロスト マイ バッグ]
バッグがなくなりました。

I lost my credit card.
[アイ ロスト マイ クレディット カード]
クレジットカードをなくしました。

I lost my money.
[アイ ロスト マイ マニィ]
お金をなくしました。

I lost my room key.
[アイ ロスト マイ ルーム キー]
部屋のカギをなくしました。

I lost my ticket.
[アイ ロスト マイ ティケット]
チケット（航空券）をなくしました。

I lost my passport.
[アイ ロスト マイ パスポート]
パスポートをなくしました。

I lost my suitcase.
[アイ ロスト マイ スートケイス]
スーツケースがなくなりました。

In Trouble 〜緊急事態！ とっさの１語で乗り切ろう！

32 Police

Call ［　　　］!

〜を呼んでください！

《基本フレーズ》

Call the police!

[コーる ざ ポリース]

警察を呼んでください！

　トラブル・事件によって、必要となる人物（組織）は異なりますね。早急な解決のためにも、これらの単語は覚えておきたいものです。

　call のあとには呼びたい人物（組織）を表す名詞が入ります。

　もちろん Police! と１語叫べば、誰かがきっと助けてくれるはずです。

この単語だけでもOK！（例文）

Ambulance!
［**ア**ンビュらンス］
救急車を呼んでください！

Paramedics!
［パラ**メ**ディックス］
救急救命士を呼んでください！

Fire department!
［ふァイア ディ**パ**ートメント］
消防署に連絡してください！

911!
［**ナ**イン ワン ワン］
（警察・救急・消防への）緊急電話番号に電話してください！（アメリカ、カナダの場合）

Security!
［スィ**キュ**リティ］
警備員を呼んでください！

Getting Sick ～病気!?　1語をあてはめて、きちんと症状を伝えよう

33 Doctor

Please call a ☐ .

～を呼んでくださいませんか

《基本フレーズ》

Please call a doctor.
[プリーズ コーる ア ドクタァ]

お医者様を呼んでくださいませんか

　海外での体の不調は、不安です。(32)と同様のフレーズでももちろんかまいませんが、より丁寧な表現です。

　call のあとには呼びたい人物（組織）を表す名詞が入ります。

　もちろん Doctor！と1語叫べば、誰かがきっとお医者様を探してくれるはずです。

この単語だけでもOK！（例文）

Japanese doctor!
[**ヂャ**パニーズ ドクタァ]
日本人医師を呼んでくださいませんか。

Specialist!
[スペシャリスト]
病気に詳しい人を呼んでくださいませんか。

Nurse!
[**ナ**〜ス]
看護師を呼んでくださいませんか。

Ambulance!
[**ア**ンビュらンス]
救急車を呼んでくださいませんか。

Taxi!
[**タ**クスィ]
タクシーを呼んでくださいませんか。

Paramedics!
[パラ**メ**ディックス]
救急救命士を呼んでくださいませんか。

Getting Sick ～病気!?　1語をあてはめて、きちんと症状を伝えよう

34 Drowsy

I feel ☐.

～のような気分です

《基本フレーズ》

I feel drowsy.

[アイ ふぃーる ドゥ**ラ**ウズィ]

けだるいです

　自分のいまの状態を正確に伝えて助けて欲しいときに使います。

　feel の後ろには自分の症状を表す形容詞が入ります。

　もちろん、Drowsy 1語でも伝わるでしょう。

この単語だけでもOK！（例文）

Dizzy. [ディズィ]
めまいがします。

Faint. [フェイント]
気を失いました。

Itchy. [イッチィ]
かゆいです。

Sleepy. [スリーピー]
眠いです。

Nauseous. [ノーシャス]
吐き気がします。

Feverish. [フィーヴァリッシュ]
熱っぽいです。

Chilly. [チリィ]
寒気がします。

35 Hurt

Getting Sick 〜病気!?　1語をあてはめて、きちんと症状を伝えよう

My ▢ hurts.

〜が痛いです

《基本フレーズ》

My head hurts.

[マイ ヘッド ハ〜ッ]

頭が痛いです

　体のどこかに痛みがあるとき、どこが痛いのか、お医者さんに伝えたいですね。

　My の後ろには痛みがある体の部位の名詞が入ります。体の部位は細かくすると、覚えきれません。

　もちろん、痛みがある場所を指さして Hurts! でも十分でしょう。

あとは1語入れるだけ！（例文）

My stomach hurts. ［マイ スタマック ハ〜ッ］
胃が痛いです。

My throat hurts. ［マイ すロウト ハ〜ッ］
喉が痛いです。

My ear hurts. ［マイ イア ハ〜ッ］
耳が痛いです。

My eye hurts. ［マイ アイ ハ〜ッ］
目が痛いです。

My chest hurts. ［マイ チェスト ハ〜ッ］
胸が痛いです。

My leg hurts. ［マイ れッグ ハ〜ッ］
脚が痛いです。

My foot hurts. ［マイ ふット ハ〜ッ］
足が痛いです。

My arm hurts. ［マイ アーム ハ〜ッ］
腕が痛いです。

My hand hurts. ［マイ ハンド ハ〜ッ］
手が痛いです。

Getting Sick 〜病気 !? 1語をあてはめて、きちんと症状を伝えよう

36 Cold

I have ☐ .

〜（病名）です

《基本フレーズ》

I have a cold.
[アイ ハヴ ア コウるド]
風邪をひいています

　病名が自分でわかっていれば、それも伝えましょう。have a の後ろには病名を表す言葉が入ります。

　have を「〜を持つ」という意味で覚えていると、若干違和感があると思いますが、have は大変応用がきく動詞の1語なので、研究してみると面白いですよ。

　もちろん、病名だけの1語でも十分伝わるでしょう。

この1語だけでもOK！（例文）

A headache. ［ア ヘデイク］
頭痛です。

A stomachache. ［ア ス**タ**マケイク］
胃痛です。

Diarrhea. ［ダイア**リ**ーア］
下痢です。

An allergy. ［アン **ア**ら～ジィ］
アレルギーがでています。

An earache. ［アン **イ**アレイク］
耳の痛みがあります。

A nosebleed. ［ア ノーズブリード］
鼻血です。

A fever. ［ア **ふィ**ーヴァ］
発熱があります。

A cough. ［ア **コ**ふ］
咳があります。

Getting Sick 〜病気⁉ 1語をあてはめて、きちんと症状を伝えよう

37 Laxative

I need ☐ .

〜をください

《基本フレーズ》

I need a laxative.
[アイ ニード ア らクサティぶ]
下剤をください

　必要な薬や処方があるなら、それも伝えられるといいですね。

　need の後ろには必要とする薬などを表す言葉が入ります。

　単語も若干難易度が高いのですが、持病があるなら、自分に必要な薬の英単語は必ず覚えておきましょう。あなたにとっては難易度は低い単語になるはずです。

　お医者さんにその単語1語だけ発しても、きっとわかってくださるでしょう。

あとは1語入れるだけ！（例文）

I need a painkiller.
[アイ ニード ア ペインキらァ]
鎮痛剤をください。

I need cold medicine.
[アイ ニード コウるド メディスィン]
風邪薬をください。

I need stomach medicine.
[アイ ニード スタマック メディスィン]
胃薬をください。

I need cough medicine.
[アイ ニード コふ メディスィン]
咳止めをください。

I need eye drops.
[アイ ニード アイ ドゥラップス]
目薬をください。

I need ear drops.
[アイ ニード イア ドゥラップス]
点耳剤をください。

I need vitamins.
[アイ ニード ヴァイタミンズ]
ビタミン剤をください。

Getting Sick 〜病気!?　1語をあてはめて、きちんと症状を伝えよう

38　Allergic

I'm allergic to ☐.

〜のアレルギーです

《基本フレーズ》

I'm allergic to milk.
[アイム アら〜ヂック トゥ ミるク]
牛乳アレルギーです

　食べものや薬にアレルギーがあるなら、それを伝えることはとても大事です。

　toの後ろには食べものや薬などを表す言葉が入ります。

　アレルギーがあるなら、その英単語は必ず覚えておきましょう。あなたにとっては難易度は低い単語になるはずです。

第2章 "とっさの1語"、いま必要なのはこれ！

あとは1語入れるだけ！（例文）

I'm allergic to eggs.
[アイム アら〜ヂック トゥ エッグズ]
卵アレルギーです。

I'm allergic to wool.
[アイム アら〜ヂック トゥ ウる]
毛糸のアレルギーです。

I'm allergic to cotton.
[アイム アら〜ヂック トゥ コトゥン]
綿のアレルギーです。

I'm allergic to dust.
[アイム アら〜ヂック トゥ ダスト]
ほこりアレルギーです。

I'm allergic to cats.
[アイム アら〜ヂック トゥ キャッツ]
猫アレルギーです。

I'm allergic to beef.
[アイム アら〜ヂック トゥ ビーふ]
牛肉アレルギーです。

I'm allergic to penicillin.
[アイム アら〜ヂック トゥ ペネスィりン]
ペニシリンのアレルギーです。

Keeping in Touch 〜 1 語からはじまる友情をふかめよう！

39 Address

What's your ⬜ ?

あなたの〜を教えて！

《基本フレーズ》

What's your address?
［ウォッツ ユア アドレス］
住所を教えて

旅先で親しくなった人と、これからも連絡をとりあって友情を深めるのも、英会話上達の一歩になることでしょう。

そのために名前や連絡先を交換しておきたいですね。

もちろんフレーズにしなくても your address? であなたの意思は伝わるでしょう。

この単語だけで聞いてみよう！（例文）

Your home phone number?
［ユア ホウム ふォウン **ナ**ンバァ］
自宅の電話番号を教えて！

Your office phone number?
［ユア オふィス ふォウン **ナ**ンバァ］
オフィスの電話番号を教えて！

Your fax number?
［ユア ふァックス **ナ**ンバァ］
ファックス番号を教えて！

Your cellphone number?
［ユア せるふォウン **ナ**ンバァ］
携帯番号を教えて！

Keeping in Touch 〜 1 語からはじまる友情をふかめよう！

40 Call

Please ▭ me.

〜してね！

《基本フレーズ》

Please call me.
［プリーズ コーる ミー］
電話してね

　連絡先を交換したら、もう一押しです。
「これからも友だちで！」という気持ちを簡単に伝えましょう。
　もちろん Call！だけでも「電話ちょうだい!!」という気持ちはあなたの笑顔とともにきっと伝わるはずです。

あとは1語入れるだけ！（例文）

Please write me.
[プリーズ ライト ミー]
手紙書いてね。

Please e-mail me.
[プリーズ イーメール ミー]
メール送ってね。

Please visit me.
[プリーズ ヴィズィット ミー]
遊びに来てね。

Please keep in touch with me.
[プリーズ キープ イン タッチ ウィず ミー]
これからも連絡をとりあいましょう。

第3章

"使える1語"を覚える
4つのポイント！

英会話はやっぱり単語がいのち！
語彙力アップの裏ワザ

とっさの1語を、きちんと覚える方法

「英単語の覚え方」4つのツボをおさえて、とっさの1単語を身につけよう

> 私がすすめる英単語記憶法は

全部で

> 4つです

> これまでの常識をひっくり返したような

発想に基づいて

成り立っています

> でも！

実力はかならず付きます
私を信じて
付いて来てください

第3章 "使える1語"を覚える4つのポイント！

**"私の個人的な尺度"で測った英単語記憶法と
重要度は次のようになります。**

⬇

語呂合わせ型＞3語脳型＞カタカナ英語流用型＞直線型
　80%　　＞　10%　＞　　6%　　　＞ 4%

⬇

私の尺度ではかると
「語呂合わせ型」が 圧倒的に優勢です

〈第1位〉「**語呂合わせ型**」は【物語性】に優れ、記憶に残ります。

〈第2位〉「**3語脳型**」は、3語合わせて1文ができますから、文章とともに場面を【思い出させる】点で優れています。

〈第3位〉「**カタカナ英語流用型**」は【ズルく安易に】、つまり覚えるというより借用する感じです。迫力はありませんが、記憶には役立ちます。

〈第4位〉「**直線型**」は強引に覚える入門者向けのやり方で、【野暮ったいが腕力型】です。最下位にランクされていますが、初心者には、この方法しかありません。その意味では捨てがたい身近な記憶法です。

133

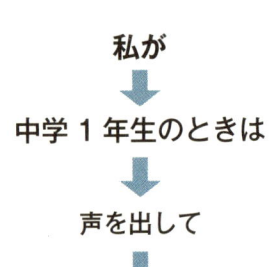

私が
⬇
中学1年生のときは
⬇
声を出して
⬇
単語を頭からそのまま覚えました
⬇
私はこれを
⬇
「直線型」と、呼んでいます
⬇
高校時代も
この「直線型」で英単語を何と
⬇
50,000語
覚えました
⬇
自分は日本一の
英単語記憶レコード保持者だと密かに、
勝手に思っていました

第3章 "使える1語"を覚える4つのポイント！

辞書の中の

⬇

とんでもなく長い単語を覚えてしまえとばかり

⬇

英和辞典に載(の)っていた長めの2語を見つけ出し

⬇

本当に覚え切ってしまったのです

⬇

眺めるだけで結構ですから見てください

⬇

> floccinaucinihilipilification（29文字）
> （英戯語）［富などの］軽視
> pneumonoultramicroscopicsilicovolcanoconiosis
> （45文字）
> 肺塵症(はいじんしょう)

この単語はかつてギネスブック（1955年以降、毎年発行）で、〈世界で一番長い英単語〉として認定されたことがあります。化学物質の合成語の中には、これよりもずっと長い単語もありますが、ギネスブックはそれを審査の対象から除外したようです

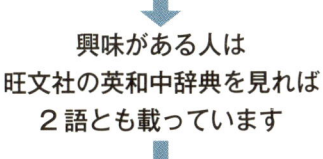

⬇

興味がある人は
旺文社の英和中辞典を見れば
2語とも載っています

⬇

今でも私は

↓

何も見ないで正確にこの2つの単語を
発音し、綴(つづ)ることができます

↓

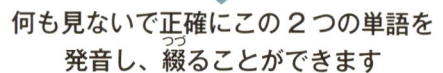

できたからと言って何の勲章(くんしょう)にもならないことは
承知しています

↓

人の集まりなどで

↓

余興(よきょう)として披露(ひろう)すると
ちょっと喜ばれる程度です

↓

現実には、一方で

↓

覚えた単語をどんどん忘れて行きました！

↓

これはやばいぞ！

↓

ちょっと方針を変えてみようかな？

第3章　"使える1語"を覚える4つのポイント！

↓

迷った末

↓

正攻法で行こうかなと

↓

kind（親切な）の反対は頭に un- をつけて
unkind（不親切な）にすればいいんだな

↓

これは、なかなか便利な方法だ！

↓

まねる価値はありそうだ！

↓

honest（正直な）の頭に dis- をつけると
dishonest（不正直な）になります

↓

頭に un- や dis- を付ければ
「反対の」意味になるわけですね

↓

そう思ったときから

↓

知恵のある覚え方を
アレコレ考えました

↓

でも！

↓

un- にも、dis- にも、人をワクワクさせるような
ドラマがなく、そのうちに飽きてしまいました

↓

理由は

↓

暗記の手法が機械的で一本調子で砂を噛むみたいで

↓

嫌気がさしてきたからです

↓

「何かいい方法はないものだろうか」

↓

正直、悩みました！　たどり着いた結論は

第3章 "使える1語"を覚える4つのポイント！

これからは記憶法についても**各自、自分の好きなようにやればいいのだと思いました**
私が考える英単語記憶法の

> **第1位に挙げる「語呂合わせ型」は**

本当に面白く作れば

どんな難しい単語でも

覚えられるのです

不思議です

次は

「3語脳」英単語記憶法で

3語をセットにして覚える手法です

まず、覚えるべき対象になる単語1語を決めます

次に良く知っている単語1語とまあまあ知っている単語1語を加えて

3語をタテに並べます

そして

3語まとめて

中程度の声の大きさで

3語でイメージするシーンを頭におき

第3章 "使える1語"を覚える4つのポイント！

↓

最低5回できれば10回以上

↓

壁に向かって

↓

唱(とな)えてください

↓

覚えたい単語は

↓

ただそれだけで

↓

あなたの脳にインプットされます

↓

そして、最後は

↓

↓

「カタカナ英語流用法」です

↓

「直線型」は、最初に挙げましたので
ここでは割愛(かつあい)します

↓

これらのほか色々な英単語記憶法がごまんとあります

↓

でも、他の方法はカットします

↓

シンプル・イズ・ベスト

↓

と、言うではありませんか

・・・・・・・・・・・・・・・・・・・・・・・・・・・・・・

　実際には、自分が納得する方法で単語を覚えてください。
　上に挙げたのは、あくまで私の描く一つの見本にしか過ぎません。
　主役は「あなた」です。

1語の覚え方は人それぞれ

やさしい単語が、あなたにとって必要な単語とは限らない

　ちまたでは、頻度(ひんど)などによって、「重要単語」「難単語」などに英単語が分類されています。でも、その分類が自分にそのままあてはまるとは限りません。

　生活環境、仕事内容などによって、自分に必要な単語はそれぞれ違うはずです。ほかの人や大学受験生にとっては"難単語"とされる単語も、自分が生きていくうえで欠かせないものであれば、それはあなたにとって必要で"やさしい"単語となるはずです。

　それを教えてくれたのが、ベトナム人女性の英会話でした。長年にわたり、「コミュニケーションとは何か」、その中で「やさしい英語とは何か」「1語英語とは何か」を求めてきた私にとっては驚嘆(きょうたん)に値するものでした。英語を勉強したことがない彼女を通じて語られた英語の話は、何物にもかえがたい本当に素敵(すてき)な宝物です。

　以下、彼女と一緒に暮らす、日本人ビジネスパーソンから届いたメールの中身をできる限り原文に近い形

でご紹介したいと思います。

1．私の名前がいいづらく、また、長いので "My dear" と呼んでいます。

2．次に多いのが "smile" と "cry" です。
私もよくわかっていませんが、彼女は「笑う」の表現を "smile" で全てすますので、「嘲笑(ちょうしょう)」の場合には、"laugh" を使ったらと教えています。

3．意外だと思ったのは、政府および行政に関する単語を知っていたことです。これは若いベトナム籍の女性として、シンガポールの永住権を取るときかなり苦労したため、自然に身につけたと思われます。
例えば、

government
immigration
politician
police
lawyer

等です。

4．食べ物および飲み物に関しては、一般的な英単語を知っているので全く問題ありません。

5．スポーツに関しては、全く関心がないのでダメです。

6．趣味はテレビを観ることで、特に言葉の理解できる中国語（広東語）とベトナム語のドラマとかムービーです。

7．日本に関して、特に興味を持っているのは、いままでに見たことがなくロマンチックに考えている"雪"ですね。それ以外は情報を持っていません。

8．いま、特に大切にしているのは"お金"と"息子"です。

ここで登場する彼女は、本書の〈はじめに〉で登場願った女性と同一人物です。〈はじめに〉で登場したとき彼女との会話に出てきた言葉は、次の6語で、いずれも大変平易な単語ばかりでした。

hungry
yes
home
restaurant
fish

meat

　明らかに government で始まる5語と hungry で始まる6語の両者の間には、大きな隔たりがあるように思われます。
　私たちは直ぐに、この隔たりから「やさしい」とか、「むずかしい」といった単語のレベルの違いに興味を示してしまいます。
　でも彼女にとって、このような違いは問題になりません。
　両者とも生きて行く上で必要な言葉だからです。

シンガポール在住の〈アルファベットが読めない〉ベトナム人女性が教えてくれた3つのことがあります。

●「英単語の難易度なんか関係ありません」
　〈むずかしい〉〈やさしい〉の度合いは、関係ないのです。
　上級、中級、初級、入門コース、こんな分け方も意味がありません。

●「覚える対象になる〈会話をささえる〉英単語は必要なものだけです」
　〈必要か〉〈必要でないか〉で決めればいいのです。

自分にとって必要でないものは覚える必要はありません。

● 「英単語の覚え方は自分の好きなようにやればいいのです」

これが絶対だというものはありません。

彼女は１語主義で、かつ単語は全部、耳で覚えたものです。

アルファベットが読めないから、それしか方法がなかったのです。

これも一つの立派な方法ですね。

POINT!

自分にとっての１語は、あなた自身が決めればいい。

関連重要単語

my   dear   smile   cry   laugh
government   immigration   politician
police   lawyer

単語の覚え方　語呂合わせ

楽しみながら1語を覚える、するとほかの単語も覚えたくなる

　前出のベトナム人女性の英語の世界は、日常生活ではbig（大きい）とかsmall（小さい）とか、あるいはhigh（高い）とかlow（低い）とか、かなり平易な単語だけで日本人の彼氏と会話を成り立たせています。

　でも、実は彼女にはシンガポール国籍を取得する大きな目的が控えています。そのせいもあって、日常語とはちょっと異なる単語も実は音声の世界で捉えていたことはすでにお伝えした通りです。

　彼女は音声で必要な単語を覚えます。

　彼女にとってやさしいとかむずかしいとか、そんな観念は全くありません。必要なものは絶対覚えてしまう、その気力というか迫力は並大抵のものではないようです。

　でも、こちら日本人の英語に対する考え方は、人生のすべてを賭けた、まるで生死を賭けた戦いのレベルまではいっていないように思われます。

そこで彼女が覚えた先に紹介ずみの５語について、語呂合わせで挑戦してみたいと思います。
　俎上(そじょう)にのせる単語は、全部で次の５語でした。

government
immigration
politician
police
lawyer

　正直言って、politician を除いて、あとの４語は、見た瞬間、作品が作れました。
　この私の力をそぎ取っていった *politician* には手こずりました。
　ちょっと言い訳っぽいことを申しあげますが、この politician を辞書で引きますと、次のような説明が載(の)っています。

［名］政治家；【しばしば軽べつ的に】政治屋（すぐれた政治家には statesman を用いる）
　　　　　　　　　　　　『旺文社ハイトップ英和辞典』

　こんな訳がついていますので、「政治家」として語呂合わせを作るか、「政治屋」として作るか迷い、結局、ぱっと作品を作ることができませんでした。

知人のヒントをもらって、一応、私が最後に仕上げましたので〈守誠作〉として本に登場することになりました。厳密には、100パーセント私の作とはいえないかも知れません。

　結果として、語呂合わせの作品を作り上げる手段として、「政治家」を前提にした次第です。

　では、彼女が知っていた5語に、私が「語呂合わせ」で挑戦してみようと思います。

● government
我慢、面と向かって責められる「政府」。
（心は———野党の政府攻撃はいつもきついよ）

● immigration
意味、グレー（灰色）、しょ（ん）がなく受け入れた「移民」。
（心は———書類の内容は怪しいが、どんどん移民を受け入れないと人口減で国家が衰えます）

● police
アクロポリス神殿を守る「警官」。
（心は———「財政危機で国は荒れているがアクロポリスは丘の上に立つギリシャのシンボルだ。絶対守ら

なきゃあ」と）

● lawyer
　牢屋破りを引き受けた「弁護士」。
（心は———「牢屋」は現在では使われていません。でも、今日の刑務所に当たることはすぐ理解できます）

● politician
　ポリ（警官）ティ（お茶）しゃんと飲む。そのきりっとした姿は「政治家」そっくり。

　次の例は、セクハラに絡めた「語呂合わせ型英単語記憶法」です。もっとも1例だけであり、セクハラを容認するとか助長する内容のものでは決してありません。
　まず、次の単語と訳語をじっくり眺めてください。

custody ［カスタディ］　拘留

　この単語は、頭から暗記する「直線型」の手法では、覚えてもすぐ忘れてしまうでしょう。一般人の日常会話では、めったに触れることのない言葉だからです。
　この単語が語呂合わせとどうからんでくるのか？
　そして、こんな非日常的な言葉をどうして、ここで紹介しようとしているのか。いろいろな疑問を持たれ

る方も、きっとおられると思います。
　正直、覚えることも大変ですが、忘れないこと、覚え続けて行くこと、つまり長期に記憶していくことは並大抵のことではありません。

　この覚えたことを忘れないこと、つまり記憶し続けることは極めて難儀なことです。
　全部が全部、custodyのようにうまく行くとは限りませんが、「語呂合わせ型英単語記憶法」はマジシャンの究極のマジックのような得体の知れない力を持っています。

　さあ、始めましょう。本当に30秒で1年後、あなたはきっと単語を覚えておられることでしょう。

　あなたの脳に刻み込んでいただくため、上に挙げた単語をもう1回書いて、コメントを加えることにしたいと思います。

custody［カスタディ］拘留

　この単語を覚えるため、
①語呂合わせで、この単語を征服してみせるぞと決意してください！
②満員電車の中の風景を想像してください！

③文章を太字のところにアクセントを置いて、5回唱えてください。さらに下のカコミの部分だけを5回だけ、声を出して絶対、覚えてみせるぞと決意を固めながら、唱えてください。

> 彼女の胸を「**カ**スッタでー」と、痴漢容疑で「拘留」される。

ちょっとトリッキーでしたね。でも、これくらいインパクトがあると、一生忘れない単語になるのです。

POINT!

「語呂合わせ」は、もっとも強力な英単語記憶法です。

> 語呂合わせ法の例文

自分の思いつきを自分なりの方法でフレーズにすること

1) calm [**カーム**] 静かな
　「噛(か)ーむ」が、音たてぬ　**静かな**食事。

2) author [**オー**サァ] 作家
　「**多さ**」が決め手　**作家**育成塾。

3) hesitate [**ヘズィ**テイト] ためらう
　「**恥じていて**」 **ためらう**。

4) delight [ディ**ラ**イト] 大喜びさせる
　「**地雷と**」おさらば　**大喜びさせる**。

5) delay [ディ**レ**イ] 遅らせる
　「**辞令**」わざと　**遅らせる**。

6) convince [コン**ヴィ**ンス] 確信させる
　「**缶・ビン・酢(す)**」 臭(くさ)いと　**確信させる**。

154

7) weapon［**ウェ**ポン］武器
「飢え、パン」 をよこせと　**武器**を向け。

8) cattle［**キャ**トゥる］牛（総称）
「きゃー！通る」　牛の群れ。

9) tedious［**ティー**ディアス］退屈な
「ティーで癒す」　退屈な日々。

10) modest［**マ**デスト］控えめな
「まーですと」　控えめな返事。

11) anarchy［**ア**ナ～キィ］無政府状態、大混乱
「穴あき」　大混乱。

12) fulfill［ふる**フィ**る］果たす
雪の**「降る昼」**　約束**果たす**。

13) allegedly［ア**れ**ヂッドリィ］聞くところによると
「あれ地鶏！」　聞くところによるとうまいそうだ。

14) matter［**マ**タァ］問題
「また」　問題起こす。

15) gene［**ヂーン**］遺伝子
「ジーン」とくる**遺伝子**の話。

16) symptom［**スィンプトム**］兆候
「神父、トム」の病気の**兆候**をそっと話す。

17) massacre［**マサカァ**］大虐殺
「まさか」大虐殺になるとは。

18) astronomy［アストゥ**ラ**ノミィ］天文学
「明日、取ろう蚤（のみ）」なんていう話、**天文学**には程遠い。

19) chat［**チャット**］談笑する
「茶と」ケーキで**談笑する**。

20) seize［**スィーズ**］つかむ
「静かに」医者は、患者の腕を**つかむ**。

あなたも挑戦してみてください。趣味がもう一つできます。電車やトイレの中や喫茶店であれこれ想像し、自分の作品を作りながら英単語を覚えることは、爽快（そうかい）で痛快であります。英語なんか全然知らない人でも、すぐ、挑戦できます。あなたの人生に趣味が一つ加わり、海外の旅に、海外の出張・駐在に大いに役立ちます。期待しています!!!

「『3語脳』英単語記憶法」

脳に英単語をきちんと覚えさせる第2の方法

3語脳というネーミングは私が付けたものです。

1. まず、関連する3語をタテに並べてください。

2. 3語のうち2語は、比較的やさしい単語を持ってきます。

ここでは覚える単語は detrimental です。この単語、受験参考書の中にも登場します。大体、10,000語の世界の中で、限りなく10,000語目に近い難語に属します。

ところが3語脳を武器にして攻めますと、簡単に攻略することができます。

smoking（喫煙）は誰でも知っている単語です。同様に、health（健康）も知らない人はいないほど、誰もが訳語を即座に言い当てることができます。

ところが detrimental のところにきて、はたと行き詰まってしまうのです。少し英語のできる人は、この単語を知っていますが、一般的には知らない人の方が

圧倒的に多いです。この detrimental を一生忘れない方法として、3語脳は抜群(ばつぐん)の威力を発揮(はっき)すると確信しました。

ある知人に detrimental を覚えてくださいと実験台になってもらいました。

快(こころよ)く私の願いをうけいれてくださり、早速、

> smoking は
>
> health にとって
>
> detrimental だ

を5回唱(とな)えてもらいました。

detrimental が「有害である」という意味は、3語揃(そろ)えれば、誰でも半ば自動的に訳語を理解できます。要は、detrimental（有害な）をいつまで記憶していられるかが問われるわけです。

実験台に載(の)せられた、くだんの人物に3か月後お会いする機会がありました。

そしてこの detrimental を覚えておられるか聞いてみたのであります。

smoking［ス**モ**ゥキング］喫煙(きつえん)

158

health［**へ**るす］健康
detrimental［デトゥリ**メ**ンタる］有害な

　見事に、難解な単語が吐き出されました。3語まとめて頭にインプットしたので、自動的に口から出てきたという訳です。これが私の開発した3語脳英単語記憶法です。

　自然に detrimental が口からスムーズに吐き出されたとき、一番驚いたのは当の本人でした。

　一つだけでは、3語脳の威力を信じてもらえそうもありませんから、あと二つ例を出して、新しい英単語記憶法の力を理解していただければ開発者として大変光栄に存じます。

1）

> tourist　が
> satisfy　する
> service　だ

tourist［**トゥ**（ア）リスト］観光客
satisfy［**サ**ティスふァイ］満足させる
service［**サ**〜ヴィス］サービス

訳は「観光客が　満足する　サービスだ」です。

　tourist, service は比較的なじみのある単語ですが、satisfy は少し難しいかも知れませんね。でもこれを5回唱えると、しっかり身につきます。

2）

> bear　は
> cave　で
> hibernate　する

訳は「熊は　洞穴で　冬眠する」。
bear［ベア］熊
cave［ケイヴ］洞穴
hibernate［ハイバ〜ネイト］冬眠する

　素直に、5回、bear は cave で hibernate すると唱えれば、まず忘れることはないでしょう。ぜひ試してみてください。

POINT!
「3語脳」の見本をみて、自分の作品を作ってみましょう。一生忘れません。

第3章　"使える1語"を覚える4つのポイント！

「カタカナ英語流用法」

まずは身近な単語・カタカナ英語から覚える、これが鉄則

「カタカナ英語流用法」は、とてもズルい手法です。でも、役に立つのであれば、利用しない手はありません。

いま最低限の英語をどう手に入れるか迷っている人に、少しでも英語に近寄れる〈ちょっとズルい〉知恵をお教えいたします。

かなり以前から教育現場では、次のような言い方が流行っています。

「これからはグローバルな時代だ。だから、英語をもっとやれ、もっとやれ」

そういわれても、日常生活の中で英語を使う必要がなければ、忘れるのが当然でした。ほとんどの日本人は長い人生の中で、英語など使う機会もなく生きてきました。英語は学校で習うもので、実生活では無用の長物でした。

英語がなくても仕事はできましたし、海外旅行はツアーで行けば英語なしでも OK でした。

でも、なかには、こんな人たちがいるはずです。

①規模の大小を問わず、国際競争の渦の中に巻き込まれた企業で働いている人
②定年退職後、夫婦でのんびりと海外旅行を楽しみたいと考えている人
③ことのほか海外に強い視線を向けている若者

これら英語を求めている人々の間でも、習得したい英語のレベルは各人バラバラだと思います。
①「通じれば、それでよし」
②「ぺらぺら英語をしゃべれるようになりたい」
③「いやいや読み書き話すことすべての点で、一流の英語をマスターしたい」

方法は問わず、いま直ぐ英語に飛びつくには、まず単語を覚えることです。
厄介な文法などあれこれ言っていたのでは、実戦に間に合いません。

単語の覚え方の最も安易な方法は、すでに英語から日本語になった「カタカナ英語」をうまく利用することでしょう。
本当にカタカナ英語で、思わぬ会話が成り立つことも度々ありますから、英語を習得する時間のない人に

は「カタカナ英語流用法」はおすすめです。

　それこそ1語英会話で、超短期間に習得できる、案外役に立つ手法だと思います。日本語になった英語を流用するだけですから。

　では、実際にどんな外来語が日本の中で日本語として使われているのかチェックしてみましょう。

　思いつくまま頭に浮かぶものを順に、39語、書き連ねてみます。

レストラン	restaurant
マラソン	marathon
エピソード	episode
パンフレット	pamphlet
チャレンジ	challenge
クーポン	coupon
ポンプ	pump
エレベーター	elevator
エスカレーター	escalator
エキゾティック	exotic
コラム	column
カプセル	capsule
レジャー	leisure
カーテン	curtain

プロジェクト	project
タオル	towel
カレンダー	calendar
ジョギング	jogging
イメージ	image
カロリー	calorie
バケツ	bucket
イデオロギー	ideology
チャンネル	channel
デリケート	delicate
ディスプレイ	display
エチケット	etiquette
トンネル	tunnel
アイロニー	irony
ゴージャス	gorgeous
メランコリー	melancholy
ピラミッド	pyramid
ジェスチャー	gesture
パターン	pattern
バランス	balance
レシート	receipt
ニュアンス	nuance
アコーディオン	accordion
フランチャイズ	franchise
シャンソン	chanson

カタカナ英語を探し出せば、まるで無限にあるような錯覚に陥ります。それほど沢山あります。1語の英会話に相当寄与するかと思います。特に料理、野球、職業名では、カタカナ英語のオンパレードです。
　日本語を1語、喋っているつもりでも、案外通じる場合が多い、ということです。

　ただ、カタカナ英語流用法で注意することがあります。日本人がつくったもので、海外ではまったく通じない単語もあります。

　典型的な19語を挙げてみましょう。

①モーニング・コール　　wake-up call
②ビジネス・ホテル

　　　　　　　　　　　　budget hotel/ economy hotel
③シルバー・シート　　　priority seat
④オーダー・メイド　　　made-to-order
⑤ガソリンスタンド　　　gas station（米）

　　　　　　　　　　　　/ petrol station（英）
⑥サラリーマン、OL　　office worker
⑦アンケート　　　　　　questionnaire
⑧クーラー　　　　　　　air conditioner
⑨タレント　　　　　　　TV personality/ entertainer

⑩フリートーキング　　　free discussion
⑪フライド・ポテト　　　French fries
⑫ベテラン　　　　　　　expert
⑬マークシート　　　　　mark-sensing card
⑭クラシック　　　　　　classical music
⑮フロントガラス　　　　windshield
⑯フリーター　　　　　　job-hopping part-timer
⑰ホームパーティー　　　house party
⑱フリーダイヤル　　　　toll-free number
⑲モーニング・サービス　breakfast special

　日本に長く滞在している米英のネイティブは日本式英語にも慣れているため、首をかしげず、自然に首を縦に振り、了解しましたという素振りを示します。

　その結果、本来の英語か和製英語かわからなくなる時もあります。でも、とにかくどのような条件下でも「通じる」ことは素敵なことです。まあ、あんまり厳しくガミガミいうのはやめておきましょう。

POINT!

カタカナ英語は立派な英単語です。自信をもって相手に投げかけてみましょう。

第4章

緊急対応！
"たったの1語"用語集

あなたを救うトラブル解消の、この1語

海外へ出る前に
チェックすること

　パスポートの有効期限が最低半年以上、残っていることを確認してください。国によって条件が異なることもありますから、詳細は旅行会社に聞いてください。

　思わぬ国で、ビザを要求されることもありますから、自分の写真を２～３枚持参してください。一般に写真といくらかの現金を払えば入国ビザはおります。

　どんなに親しい人から頼まれても、ものは絶対、預からないでください。
「水臭いね」といわれても、断固、拒絶してください。巧妙に禁制品が忍び込んでいる可能性がありますから。

　空港には、一般に出発２時間前の到着が常識ですが、知らない土地の場合には、３時間前に行くほうが、何かあったとき、ゆとりをもって対処できます。油断は大敵です。

　現金は最低２か所、できれば３か所に分散して所

持してください。私も子供のギャング団に襲(おそ)われ、ひどい目にあったことがあります。

　カードは世界的に通用するものを2種類持っていると安心です。自分の暗証番号もきちんと覚えておいてください。営業妨害になりますから、カード会社の名前は挙げませんが、ほとんど役に立たない著名な会社のカードもあります。私がアフリカのブルキナファソに行ったとき、通用したのは1つの会社のカードだけでした。

　ホテルのモーニング・コール（wake-up call）が、作動しないこともあり得ますから、必ず、目覚ましに役立つものを持って行ってください。

　普段(ふだん)、日本で使っている常用薬(じょうようやく)を持参してください。どんなに先進国でも、飲みなれた薬のほうが安心して飲めます。この気安さ、この安心感には特別なものがあります。

　国によっては、思わぬ風土病が待ち受けていますから、自分でよく調べ予防注射をするなり、予防薬を持参してください。結構、価格は高いのですが、命には代えられません。

旅行保険は、必ず、入っておいてください。保険がきかないと、高額の治療代を請求された場合、自己破産に追い込まれることだって十分考えられます。

　飛行機が遅延したり、緊急着陸などで田舎の小さな飛行場に降りることも考えられます。生き延びるための食べ物、たとえばキャラメル、チョコレートなどを、手持ちのカバンの中に忍ばせておいてください。毎日、1粒のキャラメルで命をつないだ話も聞いたことがあります。

　ボトルの水は、入管時、持ち込めません。ですから出入国手続きをすませた後、ひとビン購入しておいてください。まさかの時に助かります。水は命です。

　行った先の国で、ホールドアップされた場合に備え、20～30ドルの現金（小銭）をすぐ出せるよう、ポケットの中に入れておいてください。

　留守宅ないし勤め先などの住所、電話番号を書き込んだ紙を、すぐ見られるような場所に入れておいてください。

　自分の血液型、持病、常用薬、病歴などを英語で書いたものを、すぐ見られるところに入れておいてくだ

さい。さらに自分の名前、住所、電話番号なども記入しておいてください。

　訪問した国によっては、撮影禁止個所もありますから、カメラを向ける前、注意事項の看板が出ているかどうか、見ておいてください。たとえばアジアの先進国・シンガポールでは内務省周辺には、撮影禁止の標識がありました。中東では油田の撮影禁止の標識を見たことがあります。

POINT!
あまり神経質になり過ぎますと、旅行や出張などの楽しさが半減してしまいます。真剣に、かつリラックスしながら、頭に入れてください。

緊急時に
(*in an emergency*)

　本書の題名『英会話　とっさの1語！』にあるように、この本では1語を強調しました。緊急時、複数語使わないとどうしても伝えきれない場合の方が多いのですが、1語で対応できる表現もありますので、最初に掲載します。最も大事な人間の命に直接かかわる表現ですから、旅の飛行機の中や汽車の中など、覚えるか、指さして緊急を告げるかして危機脱出の知恵を磨いておいてください。

第4章　緊急対応！"たったの１語"用語集

緊急です！	Emergency!	イマ〜ヂェンスィ
助けて！	Help me!	**へ**るプ ミィ
止めて！	Stop it!	ス**タ**(ー)ップ イット
逃げろ！	Run!	**ラ**ン
急げ！	Hurry!	**ハ**〜リィ
動くな！	Freeze!	ふ**リ**ーズ
伏せろ！	Get down!	ゲット **ダ**ウン
出て行け！	Get out of here!	**ゲ**ット アウト オヴ **ヒ**ア
声を上げるな！	Be quiet!	ビー ク**ワ**イエット
手を挙げろ！	Hold up!	**ホ**ウるド アップ
開けて！	Open the door!	**オ**ウプン ざ ド**ー**
離して！	Let me go!	れット ミィ **ゴ**ウ
誰か来て！	Somebody! Help me!	**サ**ムバディ **へ**るプ ミィ
一緒に来て！	Come with me!	**カ**ム ウィず ミィ
警察に電話して！	Call the police!	コーる ざ **ポ**リース
タクシー呼んで！	Call me a taxi!	コーる ミィ ア **タ**クスィ
火事だ！	Fire!	ふ**ァ**イア
病院に連れて行ってください！	Take me to the hospital!	テイク ミィ トゥ ざ **ハ**スピトゥる
お医者さんを呼んでください！	Call a doctor!	コーる ア **ダ**クタァ
救急車を呼んでください！	Call an ambulance!	コーる アン **ア**ンビュらンス

173

犯罪
(*crime*)

①万引き	shoplifting	**ショップリ**フ**ティング**
②泥棒	thief	**すィーふ**
③ひったくる	snatch/grab	**スナッチ／グラブ**
④盗む	steal	**スティーる**
⑤強盗	burglar	**バ〜グらァ**
⑥痴漢	groper/pervert	**グロウパァ／パ〜ヴァ〜ト**
⑦恐喝	blackmail	**ブらックメーる**
⑧スリ	pickpocket	**ピックパケット**
⑨強姦	rape	**レイプ**
⑩飲酒運転	drunk driving/drinking and driving	**ドゥランクドゥらイヴィング／ドゥリンキングアンドドゥらイヴィング**
⑪悪事を働く人	wrongdoer	**ローんぐドゥーア**
⑫容疑者	suspect	**サ**スペクト
⑬殺人	murder	**マ〜ダァ**
⑭ストーカー	stalker	**ストーカ〜**
⑮行方不明の	missing	**ミ**スィング
⑯警官	police officer/officer	**ポリース**オふィサァ／**オ**ふィサァ
⑰調書	report	**リポート**

第4章　緊急対応！"たったの1語"用語集

病気の症状 (*symptoms of diseases*)

①腹痛	stomachache	ス**タ**マクエイク
②やけど	burn	**バ**〜ン
③咳	cough	**コー**ふ、**コ**ふ
④発疹	rash	**ラ**ッシュ
⑤歯痛	toothache	**トゥー**すエイク
⑥下痢	diarrhea/the runs	ダイア**リー**ア／ざ **ラ**ンズ
⑦捻挫	sprain	スプ**レ**イン
⑧出血	bleeding	ブ**リー**ディング
⑨鼻血	nosebleed	**ノ**ウズブリード
⑩骨折	fracture/break	ふ**ラ**クチャ／ブ**レ**イク
⑪嘔吐	vomiting	**ヴァ**ミティング
⑫発熱	fever	**ふィー**ヴァ
⑬かゆみ	itch	**イ**ッチ
⑭頭痛	headache	**ヘ**デイク
⑮貧血	anemia	ア**ニー**ミア
⑯寒気	chill	**チ**る
⑰目まい（ふらふらすること）	dizziness	**ディ**ズィネス
⑱打撲	bruise	ブ**ルー**ズ

175

薬名
(names of medicine)

①風邪薬	cold medicine	**コ**ウるド メディスン
②鎮痛剤	painkiller	**ペ**インキらァ
③解熱剤	antipyretic	アンティパイ**レ**ティック
④胃薬	stomach medicine	ス**タ**マック メディスン
⑤消化剤	digestive	ダイ**ヂェ**スティヴ
⑥下痢止め	binding medicine	**バ**インディング メディスン
⑦便秘薬	laxative	**ら**クサティヴ
⑧目薬	eyedrops	**ア**イドラップス
⑨睡眠薬	sleeping pill	ス**り**ーピンぐ ぴる
⑩点鼻薬	nose drops	**ノ**ウズドラップス
⑪湿布薬	poultice	**ポ**うるティス
⑫うがい薬	gargle	**ガ**ーグる
⑬包帯	bandage	**バ**ンデッヂ
⑭止血剤	hemostatic	ヘモス**タ**ティック
⑮アスピリン	aspirin	**ア**スピリン
⑯抗生物質	antibiotics	アンティバイ**オ**ティックス
⑰ペニシリン	penicillin	ペニ**スィ**りン
⑱嘔吐袋	air-sickness bag	エア**スィ**クネスバッグ
⑲処方箋	prescription	プリスク**リ**プション

第4章　緊急対応！"たったの1語"用語集

病院 (hospitals)

①内科	internal medicine	インタ〜ヌる メディスン
②一般外科	surgery	**サ**〜ヂャリ
③眼科	ophthalmology	アふさる**マ**ろヂィ
④耳鼻咽喉科	otorhinolaryngology	オウトウらイノウらリン**ガ**ろヂィ
⑤泌尿器科	urology	**ユ**ラろヂ
⑥皮膚科	dermatology	ダ〜マ**タ**ろヂィ
⑦産婦人科	obstetrics and gynecology	オブス**テ**トリックス アンド ガイニ**カ**らヂィ
⑧小児科	pediatrics	ピーディ**ア**トリックス
⑨神経内科	neurology	ニュウ**ラ**らヂィ
⑩口腔外科	oral surgery	オーラる**サ**〜ヂャリ
⑪放射線科	radiology	レイディ**ア**らヂィ
⑫麻酔科	anesthesia	アナス**すィ**ーヂャ
⑬整形外科	orthopedics	オーそ**ピー**ディックス
⑭リハビリテイション科	rehabilitation	リーハビり**テイ**ション
⑮呼吸器科	respiratory organs	リス**ピ**ラトリ オーガンズ
⑯循環器科	circulatory organs	**サ**〜キュらァトリ オーガンズ
⑰リュウマチ科	rheumatism	**ルー**マティズム
⑱消化器科	digestive organs	ダイ**ヂェ**スティヴ オーガンズ
⑲歯科	dentistry	**デ**ンティストリィ

※ the department of が各用語の前につきます。

177

病名
(names of diseases)

①鬱病	depression	ディプ**レ**ッション
②不眠症	insomnia	イン**サム**ニア
③喘息	asthma	**ア**ズマ
④糖尿病	diabetes	ダイア**ビ**ーティーズ
⑤肺炎	pneumonia	ニュー**モ**ウニア
⑥扁桃腺炎	tonsillitis	タン**シ**らイティス
⑦破傷風	tetanus	**テ**タナス
⑧狂犬病	rabies	**レ**イビーズ
⑨肝炎	hepatitis	ヘパ**タ**イティス
⑩盲腸炎	appendicitis	アペンディ**サ**イティス
⑪狭心症	angina pectoris	アン**ヂ**ャイナペクトリス
⑫心臓麻痺	cardiac failure	カーディアック**ふェ**イリャ
⑬くも膜下出血	subarachnoid hemorrhage	サブア**ラ**ックノイド ヘモリッヂ
⑭胃潰瘍	gastric ulcer	**ギャ**ストリック あるサァ
⑮脳梗塞	cerebral infarction	**セ**リブラる インふァークション
⑯皮膚炎	dermatitis	ダ〜マ**タ**イティス
⑰アトピー	atopy	**ア**トピィ
⑱インフルエンザ	flu	ふ**るー**
⑲天然痘	smallpox	ス**モー**るパクス

178

第4章　緊急対応！"たったの1語"用語集

臓器
(internal organs)

①心臓	heart	ハート
②肺	lung	らング
③肝臓	liver	りヴァ
④腎臓	kidney	キッドニ
⑤膵臓	pancreas	パンクリアス
⑥胃	stomach	スタマック
⑦脾臓	spleen	スプりーン
⑧十二指腸	duodenum	デューアディーナム
⑨小腸	the small intestine	ざスモーる インテスティン
⑩大腸	the large intestine	ざらーヂ インテスティン
⑪血液	blood	ブラッド
⑫大脳	cerebrum	セリーブラム
⑬気管支	bronchus	ブランカス
⑭食道	esophagus	イサふァガス
⑮静脈	vein	ヴェイン
⑯動脈	artery	アータリィ
⑰血管	blood vessel	ブラッド ヴェスる
⑱子宮	womb	ウーム
⑲アキレス腱	Achilles tendon	アキーリーズ テンドン
⑳骨盤	pelvis	ぺるヴィス

179

ビジネス単語 (*business words*)

①申し出る（価格などを）	offer	**オ**ふァ
②見積もり	estimate	**エ**スティメイト
③交渉	negotiation	ニゴウシ**エ**イション
④引き渡し	delivery	ディ**り**ヴリィ
⑤価格表	quotation	クウォウ**テ**イション
⑥保険	insurance	イン**シュ**ランス
⑦運賃	freight	ふ**レ**イト
⑧在庫	inventory	イン**ヴェ**ントリィ
⑨船積み	shipment	**シ**ップメント
⑩仕向地	destination	デスティ**ネ**イション
⑪送り状	invoice	**イ**ンヴォイス
⑫競争力のある	competitive	カン**ペ**ティティヴ
⑬量	quantity	ク**ワ**ンティティ
⑭質	quality	ク**ワ**りティ
⑮特許	patent	**パ**テント
⑯〜に関して	regarding	リ**ガ**ーディンぐ
⑰あまり高くない（価格などが）	reasonable	**リ**ーズナブる
⑱価格	price	プ**ラ**イス
⑲送金する	remit	レ**ミ**ット
⑳書類	document	**ダ**キュメント

感情 (feelings)

①退屈な	bored	**ボ**ード
②人をうんざりさせる	boring	**ボー**リング
③わくわくする	excited	イク**サ**イテッド
④厄介な	worrisome	**ワ**〜リサム
⑤疲れ切った	exhausted	イグ**ゾ**ーステッド
⑥ありがたい	blessed	ブ**れ**スト
⑦楽しい	pleasant	プ**れ**ズント
⑧悲しい	sad	**サ**ッド
⑨好意的な	friendly	ふ**レ**ンドりィ
⑩孤独な	lonely	**ろ**ウンり
⑪疲れた	tired	**タ**イアド
⑫落ち込んだ	depressed	ディプ**レ**スト
⑬満足な	comfortable	**カ**ンふォタブる
⑭てきぱきした	businesslike	**ビ**ズネスらイク
⑮嬉しい	delighted	ディ**ら**ィテッド
⑯不注意な	careless	**ケ**アれス
⑰子どもっぽい	childish	**チャ**イるディッシ
⑱素晴らしい	wonderful	**ワ**ンダふる
⑲無口な	wordless	**ワ**〜ドれス
⑳面倒な	troublesome	トゥ**ラ**ブるサム

交通 (*traffic*)

①通り	street	ストゥリート
②大通り	avenue	**ア**ヴェヌー
③歩道	sidewalk	**サ**イドウォーク
④車道	roadway	**ロ**ウドウェイ
⑤横断歩道	crosswalk	**ク**ロスウォーク
⑥高速道路	expressway【有料】/freeway【無料】	イクスプレスウェイ／ふリーウェイ
⑦駐車場	parking lot	**パ**ーキング ラット
⑧タクシー乗り場	taxi stand	**タ**クスィ スタンド
⑨バス停	bus stop	**バ**ス スタップ
⑩信号	traffic light	トゥ**ラ**ふィック らイト
⑪交通渋滞	traffic jam	ト**ラ**ふィック ヂャム
⑫交差点	intersection	インタァ**セ**クション
⑬改札口	ticket gate	**ティ**ケット ゲイト
⑭点字	Braille	ブ**レ**イる
⑮往復切符	round-trip ticket /return ticket	ラウンドトゥ**リ**ップ ティケット／リ**タ**〜ン ティケット
⑯スピード違反	speeding	ス**ピ**ーディング

買い物 (shopping)

①百貨店	department store	ディ**パー**トメント ストー
②商店街	shopping mall	**シャ**ピング モーる
③スーパー	supermarket	**スー**パマーケット
④免税店	duty-free shop	**デュー**ティふりー シャップ
⑤靴店	shoe store	**シュー** ストー
⑥安売り店	discount shop	**ディ**スカウント シャップ
⑦婦人服	women's clothes	**ウィ**ミンズ クロウズ
⑧紳士服	men's clothes	**メ**ンズ クロウズ
⑨民芸品	folk art crafts	**ふォ**ウク アート ク**ラ**ふツ
⑩本物の	genuine	**ヂェ**ニュイン
⑪偽物	fake	**ふェ**イク
⑫模造（の）	imitation	イミ**テ**イション
⑬値段が高い（でも、価値がある）	expensive	イクス**ペ**ンスィヴ
⑭免税の	tax-free	**タッ**クスふりー
⑮品切れ	out of stock	アウト オヴ ス**タッ**ク

月と週
(*month and week*)

①月	month	**マ**ンす
②1月	January	**ヂャ**ニュエリィ
③2月	February	**ふェ**ビュエリィ
④3月	March	**マ**ーチ
⑤4月	April	**エ**イプりる
⑥5月	May	**メ**イ
⑦6月	June	**ヂュ**ーン
⑧7月	July	ヂュ**ら**イ
⑨8月	August	**オ**ーガスト
⑩9月	September	セプ**テ**ンバァ
⑪10月	October	アク**ト**ゥバァ
⑫11月	November	ノウ**ヴェ**ンバァ
⑬12月	December	ディ**セ**ンバァ
⑭週	week	**ウィ**ーク
⑮日曜日	Sunday	**サ**ンデイ
⑯月曜日	Monday	**マ**ンデイ
⑰火曜日	Tuesday	**トゥ**ーズデイ
⑱水曜日	Wednesday	**ウエ**ンズデイ
⑲木曜日	Thursday	**さ**〜ズデイ
⑳金曜日	Friday	ふ**ラ**イデイ
㉑土曜日	Saturday	**サ**タデイ

世界の都市名
(names of the cities in the world)

①ニューヨーク	New York	ヌー **ヨー**ク
②上海	Shanghai	シャング**ハイ**
③ホー・チ・ミン	Ho Chi Minh City	**ホ**ゥ **チ** ミン **ス**ィティ
④北京	Beijing	ベイ**ヂ**ング
⑤ロンドン	London	**ら**ンドン
⑥シンガポール	Singapore	**ス**ィンガポー
⑦パリ	Paris	**パ**リス
⑧香港	Hong Kong	**ホ**ンコン
⑨バンコク	Bangkok	バン**カ**ック
⑩ソウル	Seoul	**ソ**ゥる
⑪ジャカルタ	Jakarta	ヂャ**カ**ータ
⑫クアラルンプール	Kuala Lumpur	ク**ワ**ーら るム**プア**
⑬ヤンゴン	Yangon	ヤン**ゴ**ン
⑭サンパウロ	São Paulo	サウン **パウ**る
⑮ニューデリー	New Delhi	ニュー **デ**リィ
⑯メルボルン	Melbourne	**メ**るバン
⑰ローマ	Rome	**ロ**ウム
⑱ベネチア	Venice	**ヴェ**ニス
⑲モスクワ	Moscow	**マ**スカウ
⑳イスタンブール	Istanbul	イスタン**ブ**る

世界の主要国（観光・ビジネス）地図

アラスカ
(アメリカ合衆国)

カナダ

アメリカ合衆国

メキシコ

コロンビア　ベネズエラ

コスタリカ

パナマ

エクアドル

ブラジル

ペルー

ボリビア

フィジー共和国

アルゼンチン

パラグアイ

チリ

ウルグアイ

ニュージーランド

アイスランド
スウェーデン
フィンランド
ノルウェー
エストニア
ラトビア
リトアニア
デンマーク
アイルランド
イギリス
オランダ
ポーランド
ドイツ
ベルギー
チェコ
スロバキア
フランス
スイス
オーストリア
ハンガリー
ルーマニア
スロベニア
クロアチア
ブルガリア
ポルトガル
スペイン
イタリア
ギリシャ
チュニジア
モロッコ
アルジェリア
リビア

[参考文献]

"Webster's New World College Dictionary Fourth Edition"
　　Macmillan, USA, 1997
『ジーニアス英和大辞典』大修館書店　電子辞書　SHARP　PW-A9200
小西友七＝編修主幹　『ウィズダム和英辞典』三省堂　2009年
浅野博・阿部一・牧野勤編集『アドバンスト　フェイバリット和英辞典』東京書籍　2010年
浅野博・比嘉正範・緒方孝文・牧野勤編集『フェイバリット英和辞典』東京書籍　2001年
高橋源次・小川芳男・五島忠久・平井正穂監修『旺文社　英和中辞典』旺文社　1992年
高橋源次編『ハイトップ英和辞典』旺文社　1990年
イミダス編集部編　信達郎・ヤヌシュ・ブダ監修『最新！通じる英語』集英社　2000年
アダム・フルフォード監修『これは使える！英単語』　日本文芸社　2004年
K&B　パブリッシャーズ編『個人旅行ハンドブック①　旅の英語会話』昭文社　1997年
PRESSWORDS（佐藤淳子・狩野直美・竹内加恵）著『単語でカンタン！　旅行英会話』　Jリサーチ出版　2007年
株式会社ティビーエス・ブリタニカ編『JALトラベル英会話』キョーハンブックス　2003年

守　誠著『日本一覚えやすい大きい文字の英単語』中経出版　2011年
守　誠著『「3語脳」英単語記憶法』幻冬舎　2005年
守　誠著『60歳からの英会話入門───世界旅行自由自在』講談社　2002年
守　誠著『旅先で困った時に役立つ　英会話』サンリオ　1999年
守　誠著『英会話・やっぱり・単語』講談社　1996年

人生の活動源として

いま要求される新しい気運は、最も現実的な生々しい時代に吐息する大衆の活力と活動源である。

文明はすべてを合理化し、自主的精神はますます衰退に瀕し、自由は奪われようとしている今日、プレイブックスに課せられた役割と必要は広く新鮮な願いとなろう。

いわゆる知識人にもとめる書物は数多く窺うまでもない。

本刊行は、在来の観念類型を打破し、謂わば現代生活の機能に即する潤滑油として、逞しい生命を吹込もうとするものである。

われわれの現状は、埃りと騒音に紛れ、雑踏に苛まれ、あくせく追われる仕事に、日々の不安は健全な精神生活を妨げる圧迫感となり、まさに現実はストレス症状を呈している。

プレイブックスは、それらすべてのうっ積を吹きとばし、自由闊達な活動力を培養し、勇気と自信を生みだす最も楽しいシリーズたらんことを、われわれは鋭意貫かんとするものである。

——創始者のことば——　小澤和一

著者紹介
守 誠〈もり まこと〉

1933年生まれ。慶応義塾大学経済学部卒業。現在、名古屋市立大学特任教授。
商社(32年間勤務)を中途退職、教職(通商政策・知的財産権)の世界へ。1956年、運輸省(当時)通訳案内業英語国家試験(ガイド試験)合格。各分野にわたり著書、編書など70冊あまり(海外で出版されたものも含む)。英語関連著書として、『英会話・やっぱり・単語』をはじめ講談社文庫英語シリーズは100万部を超える。近著にベストセラー、『読めますか? 小学校で習った漢字』(サンリオ)がある。
本書は著者の英語経験をもとに、"1語英会話"の極意を伝えるとともに、実践で活用できるよう例文を充実させた一冊。海外旅行や海外勤務に向けての勉強に、必ずあなたを助ける本となるだろう。

英会話 とっさの1語!　青春新書PLAYBOOKS

2012年8月31日　第1刷

著　者　　守　　誠

発行者　　小澤源太郎

責任編集　株式会社プライム涌光
　　　　　電話　編集部　03(3203)2850

発行所　東京都新宿区若松町12番1号　〒162-0056　株式会社青春出版社
　　　　電話　営業部　03(3207)1916　　振替番号　00190-7-98602

印刷・中央精版印刷　　製本・フォーネット社
ISBN978-4-413-01964-4
©Makoto Mori 2012 Printed in Japan

本書の内容の一部あるいは全部を無断で複写(コピー)することは著作権法上認められている場合を除き、禁じられています。

万一、落丁、乱丁がありました節は、お取りかえします。

好評です！
新しくなったPLAYBOOKSシリーズ

「折れない心」をつくる たった1つの習慣

植西 聰

無理にポジティブにならなくていい！ 希望を持ちにくい時代でも明るい展望を自分でつくれる「強い人間」になるための考え方を、人気のカウンセラーが紹介。
負のスパイラルから抜け出せる確実なヒント。

新書判
ISBN978-4-413-01919-4 952円

残念な人の お金の習慣

山崎将志

働いても働いても、なぜか増えない、貯まらない…とおナゲキにあなた。もしかするとお金の習慣―稼ぎ方、使い方、貯め方―が時代に合っていないのかもしれません。
脱・貧乏思考でお金も人生も豊かになる方法。

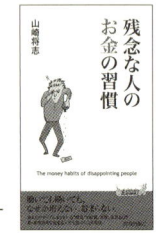

新書判
ISBN978-4-413-01938-5 943円

見てすぐできる！ 「結び方・しばり方」の 早引き便利帳

ホームライフ取材班[編]

暮らしで役立つ「結ぶ」「しばる」がひと目でわかる！
子どものいる家庭で必要とされるであろう項目を中心に、各ジャンルの専門家に適宜取材をして、暮らしが便利に、素敵に変わる結び方・しばり方を紹介する。

新書判
ISBN978-4-413-01943-9 952円

お願い　ページわりの関係からここでは一部の既刊本しか掲載してありません。折り込みの出版案内もご参考にご覧ください。

※上記は本体価格です。（消費税が別途加算されます）
※書名コード（ISBN）は、書店へのご注文にご利用ください。書店にない場合、電話またはFax（書名・冊数・氏名・住所・電話番号を明記）でもご注文いただけます（代金引替宅急便）。
　商品到着時に定価＋手数料をお支払いください。〔直販係 電話03-3203-5121 Fax03-3207-0982〕
※青春出版社のホームページでも、オンラインで書籍をお買い求めいただけます。
　ぜひご利用ください。〔http://www.seishun.co.jp/〕